Neue Moscheen

New Mosques

Ein Entwurfsseminar am Studiengang

Innenarchitektur

der Hochschule RheinMain in Wiesbaden

A project at **interior architecture**

at RheinMain University of Applied Sciences

in Wiesbaden

Diese Publikation wurde unterstützt mit Mitteln der Hochschule RheinMain
This publication was supported by RheinMain University of Applied Sciences

Holger Kleine

Neue Moscheen

Entwürfe und Visionen

New Mosques

Design and Vision

Anlass

Occasion

Erst allmählich hat sich in Deutschland die Erkenntnis durchgesetzt, dass viele Einwanderer aus muslimisch geprägten Ländern bleiben werden und eingebürgert sein wollen.
Wer bleibt, der will und darf auch bauen.
Während die Architektur der deutschen Moscheen der letzten zwei Jahrzehnte von der ersten Generation der Einwanderer gestaltet wurde und von der Sehnsucht nach dem Herkunftsland erzählt, haben jüngere Muslime zunehmend das Bedürfnis, das Hier und Jetzt ihrer bürgerlichen und religiösen Existenz auch in ihrer Architektur auszudrücken.
Wie also könnte die Moscheenarchitektur im Westeuropa der nächsten Jahre aussehen?
Das von Prof. Holger Kleine geleitete Fachgebiet *Öffentliche Innenräume* am Studiengang Innenarchitektur der Hochschule RheinMain in Wiesbaden stellte sich diese Frage gleich in seinem ersten Seminar, im Wintersemester 2010_11. Im Herbst 2011, rund um den Tag der Deutschen Einheit und den Tag der Offenen Moscheen, hat die Hochschule die Seminarergebnisse in einer kleinen Ausstellung in der Wiesbadener Innenstadt zur Diskussion gestellt. Die Ausstellung wandte sich an interessierte Laien gleichermaßen wie an Architekten. Als Beitrag zu einer ohnehin andauernden Diskussion werden hier Seminar und Ausstellung für eine breitere Öffentlichkeit dokumentiert.

The German public has only just realized that many immigrants from Islamic countries are permanently settling in Germany and wanting to become legal citizens.
Those who stay, build.
The architecture of the Western mosques in the last two decades has been heavily influenced by the immigrants' country of origin. History shows that first generation immigrants, wherever they may be living, design architecture, for sentimental reasons, to resemble that of their homeland. The following generations, however, want to look to the future and no longer to the past.
They want a different, new architecture.
How could this new architecture look and where could it draw its inspiration?
The IPS_Interior Public Spaces, an institute created and led by Professor Holger Kleine at the Interior Architecture Department, RheinMain University, posed this question in its first seminar (autumn/fall 2010). RheinMain University publicly presented the results of this seminar at a small exhibition in downtown Wiesbaden (autumn/fall 2011). The exhibition appealed both to the general public and architects. The seminar and exhibition are presented to rationalize and encourage further discussion of this ongoing theme and project.

Inhalt

Content

Fragen

Questions

15

Warum *Moscheen* an einer deutschen Hochschule entwerfen?

Why design a *mosque* at a university in Germany?

Zu den 80 Millionen Einwohnern Deutschlands gehören ca. 3 Millionen Menschen, die aus dem islamischen Kulturkreis zugewandert sind. Sie sind in den letzten 50 Jahren gekommen, und die meisten von ihnen wollen in Deutschland bleiben. Viele sind religiös und haben nach Artikel 4 des Grundgesetzes ein Anrecht darauf, ihre Religion ungestört auszuüben.

Dazu bedarf es angemessener Räume.

In den vergangenen Jahren orientierte sich die Architektur westeuropäischer Moscheen meist an der der Herkunftsländer. In dieser Haltung drückt sich die Sehnsucht der Zuwanderer nach ihrer Heimat aus, oder auch die Maßgaben der Trägerinstitutionen oder Sponsoren. Die Geschichte zeigt, dass fast immer und überall die ersten Migrantengenerationen diese Sehnsucht in ihren Bauten ausgedrückt haben.

Aber die nachfolgenden Generationen wollten auch immer, dass sich in ihren Bauten der Blick nach vorne manifestiert, nicht der Blick zurück. Sie wollen eine andere Architektur. Eine Architektur, die weder nostalgisch ist noch ignorant-willkürlich, sondern eine, die die Traditionen kennt und schätzt, aber auch unerschrocken auf den Prüfstand stellt. Wie könnte diese aussehen, und aus welchen Quellen kann sie schöpfen?

Germany has a population of 80 million with approximately 3 million immigrants from an Islamic background. They have immigrated to Germany over the last 50 years and most are keen to settle there. Many of these immigrants are religious and under Article Four of the Constitution, they have the right to practice their religion freely.

In order to worship, adequate facilities are required.

In recent years, the architecture of Western mosques has been heavily influenced by the architecture of the immigrants' homeland or the aesthetic preferences of the sponsor. History shows that first generation immigrants, wherever they may be living, design architecture resembling that of their country of origin for sentimental reasons.

The following generations, however, want to look to the future and no longer to the past. They want a different architecture. An architecture which is neither nostalgic nor arbitrary, an architecture which knows and appreciates tradition but also examines it.

How could this new architecture look and where could it draw its inspiration?

Schreibt der *Koran* vor,
wie eine Moschee auszusehen habe?

Does the *Qur'an* define
how a mosque should look?

So detailliert sich der Koran mit dem Alltag seiner Anhänger auch befasst – die Frage, wie diese bauen sollen, lässt er weitestgehend unberührt. Das könnte zwei Gründe haben: Zum Einen wiesen die Städte Mohammeds, das Mekka und das Medina des 6. Jahrhunderts n. Chr., noch keine Monumentalarchitekturen auf, mit denen die Anhänger des neuen Glaubens hätten konkurrieren müssen.[1] Die Abwesenheit von Monumentalarchitektur ist in der quasi vorstaatlichen Clanstruktur der damaligen Gesellschaft der arabischen Halbinsel begründet wie auch im Nebeneinander einer Vielzahl von polytheistischen Religionen.

Zum Zweiten ist der Islam – darin dem Christentum nicht unähnlich – in seinen Ursprüngen eine egalitäre Religion. Er strebt die soziale Gleichheit an. Die Errichtung prächtiger Architekturen hätte eher als ein Zeichen der Versuchung als der Frömmigkeit der Herrschenden verstanden werden können. Auf der anderen Seite fordert der Koran die Gläubigen dazu auf, zu Gott nicht nur zu beten, sondern ihn auch in Taten zu preisen.[2] Das Bauen ebenso wie andere künstlerische Unternehmungen zum Ruhme Gottes werden vom Koran weder befohlen noch untersagt.

The Qur'an, the Islamic Holy Book, states how an Islamic follower should live on a daily basis, however there is little instruction in terms of how the place of worship should be designed. There are two possible reasons for this: Firstly, at the time of Mohammed in the sixth century AD, the towns of Mecca and Medina had little monumental architecture, resulting in no competition between the new believers.[1] The absence of monumental architecture is rooted in the pre-state clan structure of society in the Arabian Peninsula at that time and the coexistence with various polytheistic religions. Secondly, Islam is not dissimilar in this respect to Christianity as they both have at their core an egalitarian religion with aims for social equality. The construction of magnificent buildings could have been seen as a sign of temptation rather than piety for the rulers. The Qur'an calls believers to pray to God but also to worship him through their actions.[2] The Qur'an neither prohibits nor encourages the design of monumental buildings for the worship of God or other artistic expression.

Von welchen *Räumen*
berichtet der Koran?

What *spaces* are referred to
in the Qur'an?

Das Jüngste Gericht, das Ende der diesseitigen Welt, beschwört der Koran immer wieder in höchst eindrücklichen Visionen. Auch die Hitze der Hölle und die Süße des Paradieses werden wortreich ausgemalt.[3] Die Schöpfung sowie Gestalt und Struktur von Erde und Himmel werden weniger häufig und tendenziell nüchterner beschrieben.[4] Vom Menschen geformte Räume spielen im Koran nur eine marginale Rolle. Eine emphatische Vision einer idealen Gottesarchitektur, die zu realisieren Gott dem Menschen aufgetragen hätte, enthält er nicht. Umgekehrt gesagt: Das Fehlen eines solchen göttlichen Auftrags hat dem Menschen die Entwicklung einer faszinierenden Vielzahl von Moscheetypologien erlaubt.

The "End of the World" and "Judgement Day" are vividly and repeatedly described in the Qur'an, along with the terrors of hell and the delights of heaven.[3] The creation and design of the earth is mentioned less frequently and is described in a more sober way.[4] Spaces created by men and women only play a marginal role in the Qur'an. In the Qur'an there is no specific vision of an ideal religious architecture for Islamic followers to realize. The lack of any exact instructions for the design of the mosques has allowed the development of various mosque typologies.

Finden sich in den *Hadithen*
Leitbilder für die Gestalt einer
Moschee?

Can we design mosques around
the principles of the *Hadiths*?

4

In den Hadithen – den Erzählungen über das Leben des Propheten – wird berichtet, dass Mohammed im Garten seines Hauses in Medina predigte. Um den Hörern Schatten und Kühle zu spenden, wurden die Palmenblätter zu einem Dach verflochten. Manche Interpreten sehen in diesem idyllischen Bild einer Gemeinschaft, in dieser temporären Installation das Urbild für die arabischen Stützenmoscheen. Andere sehen in ihnen jedoch schlicht die unaufwändigste baukonstruktive Lösung für das reale Problem, vielen Betenden dauerhaft Schatten und Kühle zu spenden.[5] Man kann summieren, dass die religiösen Schriften des Islam einzelne Bauideen angeregt, nicht aber die Gesamtstruktur entscheidend bestimmt haben. Elemente und Zeichen sind es eher als Strukturen und Gestalten, die eine Moschee unmissverständlich zu einer Moschee machen. Weshalb auch improvisiert wirkende, sparsam hergerichtete Hinterhofmoscheen durchaus ihre Berechtigung haben.

Through the hadith, the story of the life of the prophet is told. It is reported that Mohammed preached to his followers in his garden and to protect the listeners from the sun, palm trees were woven together to create a sunshade. Many view this idyllic picture of community, in this improvised setting, as the prototype for the Arabic pillar mosques. Others only see the mosques constructed with pillars as the simplest solution to protect the worshippers from the sun, heat, and wind.[5] To summarise, it is clear that the Qur'an suggests possible ideas for the design of religious buildings, but it does not give specific recommendations for the overall structure of the building. Elements and signs, rather than structures and shapes, make mosques distinguishable as mosques. This way, even ad hoc backyard mosques have their rightful place.

Welche *Elemente* machen eine
Moschee zu einer Moschee?

What *elements* make up
a mosque?

Die Radikalität des Monotheismus im Islam zeigt sich auch in seiner Ablehnung von Reliquien, Heiligen und Heiligtümern – mit Ausnahme der *Kaaba*. So ist eine Moschee auch keine geweihte Stätte, sondern „nur" ein sakral gestimmter, zum Beten animierender Versammlungsort. Um als solcher zu dienen, bedarf er folgender Ausstattung: Durch die Einlassung der Gebetsnische, der sogenannten *Mihrab*, wird eine der Wände als die nach Mekka Zeigende – als *Kibla-Wand* – gekennzeichnet. Meist wird die Nische prächtig ausgeschmückt, nie aber räumlich in Szene gesetzt. Sie ist ein Richtungszeiger, kein Fluchtpunkt, kein Altar und kein Kultgegenstand.[6] Predigten und das Freitagsgebet spricht der *Imam* auf dem Predigtstuhl, der sogenannten *Minbar*. Diese Kanzel hat nach etwa 500 Jahren gestalterischer Experimente um 1100 ihre heutige Gestalt mit Eingangstor und einer Miniatur des Hauses des Propheten als Krönung gefunden. Allgemein geht man davon aus, dass die *Minbar* auf Mohammeds Hof in Medina zurückgeht. Einige berichten, dass Mohammed eine Predigttreppe aus Palmenstämmen aufschichtete,[7] andere vermuten, dass das Vorbild die koptischen Kanzeln gewesen seien, von denen er eine aus Äthiopien geschenkt bekommen habe.

Auf einer halbhohen, umwehrten Empore, der *Dikkah*, fordert der kniende Muezzin singend zum Gebet auf oder liest aus dem *Koran*. Sie ist das innenräumliche Pendant zum *Minarett* und wird ebenso wie dieses häufig durch Lautsprecher bestückt oder ersetzt.

Die *Mihrab-Nische* ist in der Regel mittig in die *Kibla-Wand* eingelassen und die *Minbar* steht meist rechts von ihr, ist aber oft mobil. Die *Dikkah* ist ihnen nur locker beigeordnet.

Alle Objekte werden häufig als Miniaturarchitekturen behandelt, die separiert, wie Möbel frei im Raum zu schwimmen scheinen.

In Islam the radical nature of monotheism is evident in the rejection of relics, saints, and shrines—with the exception of the Kaaba. A mosque is not a holy place but "only" a meeting point for prayer. To serve as such a mosque requires the following facilities: a prayer hall with one wall, the kibla wall, showing the direction of Mecca. The kibla wall is marked by a small niche, the so-called mihrab. The mihrab is usually beautifully decorated, however, its placing maintains modesty. The mihrab is used as a means to find the direction of Mecca and does not represent an altar or a cult-object.[6] Sermons and Friday prayers are delivered by the imam from the pulpit. This pulpit is commonly known as the minbar. It is generally assumed that the minbar goes back as far as Mohammed's courtyard in Medina. Some sources say that Mohammed had a staircase made from stacked palm trunks,[7] from which he used to preach. Others assume that the pulpit has been modeled on the coptic pulpit he received as a gift from Ethiopia. The dikka is a raised tribune at which the muezzin calls people to pray and read from the Qur'an. It is the inner equivalent to the minaret and loudspeakers are also often used there. The mihrab niche is embedded into the middle of the kibla wall and the minbar is normally positioned to the right of it, although it is often mobile. The dikka is only ever loosely arranged near the mihrab niche and minbar. The objects are often treated as miniature architectural elements and appear to be floating like furniture within the rooms.

Bestimmen *Rituale* die Gestalt einer Moschee?

Do *rituals* determine the shape of a mosque?

Der Betende hat Gott in einem reinen Zustand zu begegnen, weswegen sich, wo Platz vorhanden, die Brunnenanlage – *Midaa* – in einem großen Vorhof befindet, in dem sich der Betende vor dem Betreten des *Haram* – des Gebetsraums – wäscht.

Moschee heißt im Arabischen „Ort der Niederwerfung". Das Knien ist die häufigste Gebetshaltung, und das Berühren des Bodens mit der Stirn der intensivste Moment. Dadurch wird der Boden zur wichtigsten Raumgrenze der Moscheen. Reinlichkeit und Weichheit des Bodens sind zwingend geboten, was mit dem Ausziehen der Schuhe und dem Auslegen von Teppichen erreicht wird. Die Teppiche können überlappend, quasi improvisatorisch ausgelegt werden, oder durchgestaltet sein. Häufig fluchtet das Teppichmuster in Richtung Mekka, oder es ist gemäß der Größe eines einzelnen Gebetsplatzes gerastert. Die Gebetshaltung ist auch der am häufigsten genannte Grund für die Geschlechtertrennung in der Moschee.

Koranregale, Uhren, Schuhregale und Klimaanlagen befinden sich dort, wo Platz ist. Sie sind in fast jeder Moschee vorhanden, aber noch kaum Teil einer umfassenden Gestaltung geworden.

The worshipper has to appear before God in a pure state, for this reason there is a courtyard with a fountain called *midaa*. Worshippers are to wash here before entering the prayer hall, *haram*. The word mosque means, "place of complete compliance." Kneeling is the most frequent position for prayer and at the most intense moment of prayer the forehead touches the ground. Because of the intense human interaction with the ground, hygiene and surface texture are essential in mosque design. Adequate surfaces are created by laying prayer mats on the floor and cleanliness is maintained by worshippers removing their shoes. The prayer mats are allowed to overlap and can be laid out in a quasi-improvised manner. The pattern on the prayer mat normally faces in the direction of Mecca. The position of the body during prayer is the most frequently cited reason for gender segregation within the mosque.

The initial design of the mosque does not take account of everyday items such as shelving, shoe racks, and air conditioning units, which are incorporated once the overall design has been established.

Architektur ist *immer* interkulturell.

Architecture is *always* cross-cultural.

7

Kulturen, die sich voreinander verschließen, blockieren sich gegenseitig. Aber auch das Kopieren ist nicht zukunftsträchtig. Architektur unterliegt zu vielen sich wandelnden Faktoren wie Klima, Ressourcen, Technologie, Ökonomie, Gesellschaft und Kunstwille.

Die Geschichte der Architektur ist eine Geschichte der Interkulturalität. Die Eigenart der Stile und Epochen hat sich immer erst durch den Austausch mit dem Anderen verfeinert. Bewunderung, Abgrenzung und Assimilation sind andauernde Prozesse. Häufig ist die Einbettung, die partielle Übernahme der Bautechniken und Baustile anderer Kulturen Zeichen des Selbstbewusstseins und der Zukunftsgläubigkeit einer Kultur.

Viele islamische Reiche haben sich den Leistungen anderer Kulturen geöffnet und diese umgedeutet. Die Berührung mit der byzantinischen Kultur in Syrien und Anatolien, mit der hinduistischen in Indien oder mit der altpersischen im Iran haben architektonische Entwicklungen in Gang gesetzt und neue Typologien kreiert. Dies macht den Reichtum der islamischen Architekturgeschichte aus. Die arabische Stützenmoschee, die persische Vier-Iwan-Hofmoschee und die osmanische Kuppelmoschee sind die wichtigsten Gebäudetypen.[8]

Cultures that do not interact with one another end up blocking each other, although copying other cultures is not advantageous either. Architecture is subject to various factors including climate, resources, technology, economy, society, and Zeitgeist.

The history of architecture is a history of cross-culturalism. Styles and eras have only ever been refined through interaction with different cultures. Admiration, demarcation, and assimilation are continuous processes. Often the embedding of styles and techniques from other cultures signifies a confidence and belief in the future of one's own culture.

Many Islamic empires have been open to the achievements of other cultures, and quick to reinterpret them. Contact with the Byzantine cultures in Syria and Anatolia, the Hindu in India, or the Persian in Iran have led to architectural developments that result in the creation of new styles. Influences from many different cultures have ensured the richness and diversity of Islamic architecture. The Arabic pillar mosque, the Persian four-iwan (archway) courtyard mosque, and the Ottoman dome mosque are the most prominent types.[8]

Können *Nicht-/Un-/Andersgläubige* überhaupt eine Moschee entwerfen?

Could *non-believers or other faiths* design a mosque?

Da viele islamische Dynastien Angehörige der beiden anderen monotheistischen Religionen nicht zur Konversion zwangen,[9] gab es immer wieder Perioden in der Geschichte, in denen dieselben Baumeister Kirchen, Moscheen und Synagogen bauten und ähnliche bautechnische und stilistische Lösungen für die verschiedenen Bauaufgaben fanden – beispielsweise in Anatolien.[10] Auch im 19. und 20. Jahrhundert wird das Bauen interreligiös praktiziert: Der Protestant Gottfried Semper baute die Alte Synagoge in Dresden (1840), der Jude Louis Kahn Kirchen und Klöster in Amerika. Der Unitarier Frank Lloyd Wright entwarf auch eine Synagoge, der Jude Richard Meier baute als Ergebnis eines eingeladenen Wettbewerbs in Rom zum Heiligen Jahr 2000 die Chiesa del Giubileo. Sinan entstammte einer christlichen Familie. Der katholisch aufgewachsene Paul Böhm baut gegenwärtig eine Moschee in Köln, und von dem Dänen Bjarke Ingels, einem *shooting star* der Architekturszene, existieren Planungen für Moscheen in Kopenhagen und Sofia. Der 1850 zum herzoglich-naussauischen Hofbaumeister ernannte Philipp Hoffmann baute nicht nur die Russisch-Orthodoxe Kapelle, die katholische Bonifatiuskirche und die 1938 zerstörte Synagoge in Wiesbaden, sondern auch die Anglikanische Kirche in Bad Schwalbach – und alle Aufgaben löste er mit Bravour.
Um sich einer Bauaufgabe zu widmen, muss man nicht notwendigerweise von der *Richtigkeit*, sondern nur von der *Berechtigung* der Gesinnung überzeugt sein.

Many of the Islamic dynasties did not forcefully recruit believers of the other two monotheistic religions like the missionaries did.[9] For long periods in history, churches, mosques, and synagogues were built by the same architects, constructed using similar construction methods, and even implementing similar stylistic solutions. A clear example would be Anatolia, where various techniques and styles were adopted by multiple religions to overcome construction problems.[10] Even in the nineteenth and twentieth century building practices remained inter-religious: The Protestant Gottfried Semper built the Old Synagogue in Dresden (1840), the Jewish architect Louis Kahn designed churches and cloisters in America. The Unitarian Frank Lloyd Wright designed a synagogue and, in response to the competition for the Holy Year in 2000, the Jewish architect Richard Meier designed the Chiesa del Giubileo. Mimar Sinan came from a Christian background. The Catholic Paul Böhm is currently building a mosque in Cologne and the Danish rising star of architecture Bjarke Ingels is currently designing mosques in Copenhagen and Sofia. Philipp Hoffmann, appointed in 1850 as the architect to the Duke of Nassau, built the Russian Orthodox Chapel in Wiesbaden, the St. Bonifatius Catholic Church and the synagogue which was destroyed in 1938. Hoffmann also designed the Anglican Church in nearby Bad Schwalbach. All building tasks were solved brilliantly.
To successfully deal with a construction project you don't have to be a *believer*, you only have to be convinced by the *ethos* of the project's purpose.

Typus 1: Die arabische Stützenmoschee

Ab dem 7. Jahrhundert_Arabien, Nordafrika, Südspanien

Berühmte Beispiele in Córdoba, Kairo, Kairuan

Type 1: The Arabic pillar mosque

From AD 700: Arabic, North African, and Southern Spanish

Famous examples in Cordoba, Cairo, and Kairuan

Die arabische Stützenmoschee basiert auf einem weitestgehend hierarchie- und richtungslosen Raster, dessen Feld unbegrenzt erweiterbar ist. Anders als in den meisten antiken oder christlichen Bauwerken geht es hier nicht um Form- und Raumwerdung dynamischer Prinzipien wie Steigerung, Richtungsbildung, Inszenierung oder Fokussierung, sondern um die Wiederholung des Immergleichen. Das Pendant der Säulen- oder Pfeilerhalle ist meist ein ummauerter Brunnenhof. Raffiniertere Belichtungen, komplexere Konstruktionen wie Überwölbungen der Joche und Richtungswechsel der Arkaden tauchen in der Geschichte auf und verschwinden wieder, ohne dass sich eine Lösung als die kanonische erwiesen hätte.[11]

Diese Richtungslosigkeit der geschichtlichen Entwicklung und die Monotonie der Elemente haben westliche Kunsthistoriker immer wieder irritiert. Dabei beruht die Faszination dieses Typus in eben der pathoslosen Ruhe und Weitläufigkeit des Raums. Indem Außenwände und Decke im Halbdunkel verschwinden, erscheint er dem Betenden als verströmender, grenzenloser Stützenwald, der eine völlige Konzentration auf das Hörerlebnis fördert.

The Arabic pillar mosque is based on a non-hierarchical, directionless, and indefinitely expandable grid. Arabic pillar mosques are different from most ancient or Christian monuments as they are not concerned with progressional staging, but with repetition. The pillar hall's counterpart is usually the walled court, which contains a fountain. More sophisticated illumination and more complex structures, such as the vaulted bays and the multi-directional arcades, appear and disappear in history without becoming canonical structures.[11] The directionless development and the monotonous repetition of certain elements has always puzzled Western art historians. Fascination with this type of mosque lies within its peaceful and spacious rooms. The exterior walls and ceilings vanish into the shadows, making it resemble a forest of pillars, which shifts the worshippers's focus onto the experience of listening.

Typus 2: Die persische Vier-Iwan-Hofmoschee

Ab dem 11. Jahrhundert_Persien, Turkestan, Afghanistan

Berühmte Beispiele in Isfahan, Yazde, Samarkand

Type 2: The Persian four-iwan courtyard mosque

From AD 1100: Persia, Turkestan, and Afghanistan

Famous examples at Isfahan, Yazde, and Samarkand

10

Die Vier-Iwan-Hofmoschee in Persien ist eine so schwer zu begreifende wie faszinierende, gewissermaßen sogar paradoxe Erscheinung. Die vier großen Iwane – motivisch in den offenen Thronhallen der altpersischen Palastarchitektur vorweggenommen – sind nicht zur Stadt orientiert, sondern zu einem zentralen Innenhof. Aufgrund dieser Iwane versammelt der Hof aber nicht, sondern strahlt in die vier Haupthimmelsrichtungen aus. Vom zentrifugalen Hof aus werden die Bethallen betreten. Da die Iwane in vielen Fällen aber viel gewaltiger und höher sind als die hinter ihnen liegenden Bethallen, liegt die Schlussfolgerung nahe, dass diese weniger als Eingangstore zu den überdachten Bethallen, sondern – in umgekehrter Richtung – als zum Himmel weisende Tore gesehen werden wollen.[12] Die schildhafte Flächigkeit und Scharfkantigkeit der Iwane – die in größtem Gegensatz zu vielen abendländischen Baustilen nur Einstülpungen und keine Vorstülpungen kennen – lassen diese schwerelos, körperlos, „bildhaft" erscheinen. Sie scheinen hauchdünn und wirken so feierlich wie elegant. Sie stehen Raumkompositen aus verströmenden oder auch sammelnden Räumen vor.

The design of the four-iwan courtyard mosques are as paradoxical and fascinating as they are hard to comprehend. As a motif the iwan already appears in the half open throne hall of ancient Persian palaces. Instead of being aligned with the city the four great iwans, the gateways, are positioned around a central inner courtyard. The positioning of the iwans encourages the courtyard to radiate outwards in the four main compass directions. The prayer hall is entered through the central court. Since in many cases the iwans are much more pronounced and taller than the prayer halls behind them, one can conclude that they are not only meant to be entrances to the halls, but they are also viewed as gates pointing to the heaven.[12] The shield-like flatness and sharpness of the iwan with the use of only inversions and no protrusions—allowing them to appear weightless, bodiless and pictorial—is one of the greatest differences to many Western styles. They appear to be very thin and are as solemn as they are elegant. They are in front of spatial compositions, which vary from collective to dispersive.

Typus 3: Die osmanische Kuppelmoschee

Ab dem 14. Jahrhundert_Gesamter Mittelmeerraum, Asien

Berühmte Beispiele in Istanbul, Edirne, Bursa

Type 3: The Ottoman dome mosque

From AD 14: Mediterranean, Asian

Famous examples in Istanbul, Edirne, and Bursa

Im 12. und 13. Jahrhundert verloren die horizontale Ausdehnung und das Achsengitter in den Stützenmoscheen an Bedeutung. Die Überwölbung einzelner Joche setzte Schwerpunkte im Raumgewebe. Dies führte zu Mehr- und Doppelkuppelmoscheen und schließlich zur Einraum-Zentralkuppelmoschee.

Eine Halbkugel überwölbt einen Kubus – die Geschichte der osmanischen Moscheen ist die einer systematischen Erforschung der konstruktiven, formalen und atmosphärischen Möglichkeiten dieser Kombination. In der Frühphase wird die Kuppel von einem geschlossenen Würfel getragen, der sich dann immer mehr in ein kristallines, die Schubkräfte ableitendes Komposit auswächst. Dabei werden die Schildwände immer dünner und gläserner, und die Kuppel schwebt über einem als Lichtkranz dienenden Tambour. Zeitweilig - dies gilt auch für Sinan, den größten Moscheebaumeister - setzten sich die osmanischen Architekten mit der byzantinischen Hagia Sophia und ihrer Kombination von Zentralkuppel und Halbkuppeln auseinander.[13]

Bei aller faszinierenden Individualität der Wirkungen scheint das Gemeinsame der osmanischen Moscheen zu sein, dem Naturstein seine Schwere nehmen und weniger das Tragen und Lasten verdeutlichen zu wollen als vielmehr eine Oben und Unten, Innen und Außen vereinheitlichende Raumschale zu kreieren.

In the twelth and thirteenth century the grid-like expansion system lost importance. Vaulting individual bays became the focus of the room layout, which led to double- and multiple-domed mosques, and finally to the central dome, one room mosque.

A cube over-arched by a hemisphere—the history of the Ottoman mosque is a systematic study concerning the combination of these two forms and its inherent atmospheric and constructive possibilities. In the early phases the domes were supported by a closed cube, which developed more and more into a crystal-like structure. The shielding walls grow ever thinner and contain more and more glass. The dome overhangs the tambour, offering a ring of light. At times the Ottoman architects, among them Sinan, took inspiration from the Hagia Sophia and its combination of a central dome surrounded by a hemispherical structure.[13]

Despite having intriguing individual aspects, all Ottoman mosques commonly conceal the weight of the natural stone. To achieve the appearance of weightlessness the architects created a unified shell, combining above and below, inside and outside.

Gebetsräume und Gemeindezentren

Prayer rooms and community centers

Moscheen haben häufig vielfältige Raumprogramme, die in etwa denen christlicher Gemeindezentren entsprechen. Sie können sogar „Städte in der Stadt" sein, wie zum Beispiel die Süleymaniye-Moschee in Istanbul, deren Komplex Spitäler, Gästehäuser, Koranschulen und Verwaltungsbauten umfasst.

Im Seminar haben wir uns jedoch auf den Entwurf von Gebetsräumen konzentriert. Mit dieser Konzentration soll keinesfalls die Bedeutung der anderen, profanen Räume für ein lebendiges Gemeindeleben ignoriert werden. Sie bedeutet lediglich, dass es vor allem der Gebetsraum sein wird, in dem sich islamische Anverwandlungen der neuen kulturellen Umgebung auf raumschöpferische Weise ausdrücken werden.

Mosques often have a diverse range of program, similar to those offered at Christian community centers. They can become "cities within a city", much like the Süleymaniye Mosque in Istanbul. The Süleymaniye Mosque houses a hospital, guest houses, administrative building, and a Qur'an school. In the seminars, however, we have focused on the design of the prayer rooms. By concentrating on the prayer rooms we are not ignoring the important role of the secular spaces play in creating a vibrant community life; but, in the prayer room architectural innovations in conjunction with Islamic expression and adaptions of the new cultural environment will more successfully complement one another.

Wiesbadener Entwürfe

Wiesbaden designs

13

Die Wiesbadener Entwürfe sind nicht für einen konkreten Ort oder Moscheeverein gedacht, sondern sie sind idealtypische Entwürfe. Sie verdeutlichen exemplarisch, in welche Richtung sich die westeuropäische Moscheenarchitektur in den nächsten Jahrzehnten entwickeln könnte. Ein neuer Typus entsteht nicht aus dem Nichts, sondern durch die Prüfung, welche tradierten oder neu zu findenden Raumkonzepte sich für die Lösung einer Aufgabe zur Verwirklichung eines spezifischen Raumgefühls mit zeitgenössischer Bautechnologie eignen. Deswegen ist die Beschäftigung mit dem Innenraum unter idealen, allgemeinen Bedingungen der Schlüssel. Auf den folgenden Seiten werden die einzelnen Entwürfe näher erläutert. Gemeinsam ist ihnen, dass sie aufzeigen, dass die islamische Architektur reich an Typologien, Lösungen und Assoziationsmöglichkeiten ist, die nicht nur imitiert und bildhaft verkürzt, sondern schöpferisch weitergedacht werden können.

The Wiesbaden designs are not designed with a specific place or Islamic association in mind; they are, however, designed to be an "ideal." They illustrate how the design of Western European mosques could develop in the coming decades. A new mosque design or type does not magically appear, it is discovered by examining traditional, and inventing new, spatial concepts to achieve a sense of space while using contemporary building techniques. The study of the interior under ideal and general circumstances is therefore crucial. On the following pages, the specific designs are discussed in further detail. Islamic architecture, rich in typology and symbolic associations, is used as a starting point, inspiring innovative concepts rather than reduced imitations of previous architectural styles.

Sehen die Wiesbadener Entwürfe
nicht aus wie *moderne Kirchen*?

Do the Wiesbaden designs not
resemble *modern churches*?

14

Triftiger scheint die umgekehrte Frage: Sind moderne Kirchen den arabischen oder persischen Moscheen strukturell nicht häufig verwandter als den gotischen Kathedralen oder barocken Kirchen?

In der Tat zeigen sich – für manch einen – verblüffende Verwandtschaften zwischen klassisch moderner Architektur einerseits und islamischer Architektur andererseits. *Ablösung, Abstraktheit, Raster, Entkörperlichung und Dematerialisierung* waren immer wieder Themen der islamischen Sakralarchitektur. In die Kirchenarchitektur haben diese eher über die anti-römisch-katholischen Strömungen inklusive dem Protestantismus und über die Moderne Eingang gefunden.

Auch wenn der kunstvolle Umgang mit dem Licht in den arabischen Stützenmoscheen noch keine Rolle spielte, ist er seit den Iwan- und den Kuppelmoscheen aus der islamischen Sakralarchitektur nicht mehr wegzudenken und stellt insofern eine Gemeinsamkeit mit der christlichen Sakralarchitektur dar.

Is it not the other way around? Aren't modern churches more structurally similar to Arabic or Persian mosques than they are to Gothic cathedrals and Baroque churches? For some, there are startling similarities between modern architecture and Islamic architecture. *Detachment, abstraction, grids, disembodiment, and dematerialization* were always important themes in Islamic religious architecture. Most of these ideas have found their way into church architecture only through anti-Roman Catholic attitudes starting from Protestantism all the way through modernism.

Even if the skilful use of light was not part of the Arabic mosque, it became an integral part of Islamic architecture in the iwan mosque and the dome mosque. It has become indispensable and is now a common feature in both Christian and Islamic architecture.

Worin werden sich Kirchen
und Moscheen *immer* unterscheiden?

Why will churches and
mosques *always* differ?

15

Die Bauaufgabe Moschee erlaubt eine große Interpretationsfreiheit, und es gibt auch keinen Grund, dass Moscheen zwanghaft anders aussehen müssten als andere Sakralräume. Unterscheidungsmerkmal dürfte zukünftig weniger der *Baustil* als vielmehr die *Raumdramaturgie* sein, die aus den thematischen Schwerpunkten der Religionen und ihrer Riten resultiert:

Ungerichtetheit: Die Raumdramaturgien der Moscheen fokussieren nie auf einen Punkt – wie Kirchenräume etwa auf den Chor, die Vierung, den Altar, den Schrein oder den Priester – sondern betonen das Weite, Verströmende, Vielgerichtete oder Ungerichtete des Raums. Selbst die osmanischen Kuppeln werden nie mit einer Laterne „gekrönt": kein herausgehobener Moment soll den Betenden ablenken.

Boden > Wand: In einer Moschee wird die Wand nicht Ziel der Raumdramaturgie sein können, anders als Rosetten oder der Chor in einer katholischen Kirche. Eine überinszenierte Wand würde den Boden entwerten, der der primäre Raumbezug des Betens ist.

Boden > Decke: Da die Decke zum optischen Raum und nicht zum haptischen Raum gehört und den Boden nicht berührt, steht sie nicht in unmittelbarer Konkurrenz zu diesem. Deshalb kann sie opulent und bedeutungsvoll gestaltet werden.

Raum > Fläche > Körper: Da der Islam keine Menschwerdung Gottes und keine Vertreter Gottes auf Erden kennt, kann Gott nicht symbolisiert oder lokalisiert werden. Also wird auch nicht die körperliche Existenz des Imam in Szene gesetzt. Auch in der Baukunst wird tendenziell die Dematerialisierung und Bildlosigkeit, die Umhüllung des Raums betont.

Homogene Raumhülle: Die Abwesenheit der Bestuhlung erlaubt die Gestaltung einer allseitig völlig homogenen Hülle, wie dies beispielsweise schon in der Blauen Moschee in Istanbul angelegt ist. In einem solchen gestimmten Raum lösen sich die Grenzen auf, was wiederum der Ungerichtetheit des Raums dient.

Die Wiesbadener Entwürfe sollen nicht eine neue Typologie im Sinne eines neuen Kanons stiften, sondern zeigen, dass individuelle Lösungen allgemeinverständlich sein können, ohne allgemeinverbindlich werden zu sollen.

The task of building a mosque allows a great deal of interpretation and there is no reason for a mosque to look obsessively different from any other religious building. In the future, the distinguishing feature won't be the *style* but instead the *dramaturgy of space*, which focuses on the main themes of the religion and its rituals.

Without direction: The spatial layout of the mosque never focuses on a particular point, unlike a church where you have the choir, transept, altar, or priest, but instead it encourages multi-directional spaces. Even the Ottoman domes are not crowned by a lantern, as no object should distract the worshipper from prayer.

Ground > Wall: In a mosque, unlike the choir in a Catholic church, the walls are never the most important element. An over-exaggerated wall would devalue the ground, which in Islam is the primary spatial reference for prayer.

Ground > Ceiling: The ceiling belongs to the visual and not the haptic space, so it is not in direct contact with the ground and therefore not in direct competition with the floor. Thus it can be decorated lavishly.

Space > Surface > Body: Since Islam has no incarnation of God and no representative on earth, God cannot be symbolized. The physical presence of the Imam is not staged. Also the dematerialization and lack of imagery emphasizes the decorative covering of the room.

Homogenous shell: The absence of seating allows the creation of a mutually homogenous shell, for example the Blue Mosque in Istanbul. In such a room all the boundaries dissolve, thereby creating the directionless quality of the room.

The aim of the Wiesbaden designs is not to enforce a new style (in the sense of a new principle) but to show that individual solutions can be universally understood, without necessarily being universally binding.

Projekte

Projects

Idealtypisch und von innen gedacht. Die Moscheenentwürfe sind idealtypisch in dem Sinne, dass sie nicht für einen konkreten städtischen Ort gedacht sind und nicht für einen konkreten Bauherrn. Sie beruhen auf dem Nachdenken über den Islam in Westeuropa und auf der schöpferischen Auseinandersetzung mit den existierenden Moscheetypen. Ihnen liegt die Annahme zugrunde, dass eine überzeugende Interpretation einer Bauaufgabe immer nur von innen erfolgen kann. Von innen im doppelten Sinne: zum Einen, indem sie den Geist der Aufgabe zu verstehen sucht, zum Anderen, indem es letztlich immer der Innenraum ist, der die vielen Versprechen eines Gebäudes einzulösen hat. Es geht weniger um die Anverwandlung von Ornamentik, nicht so sehr um all das, was den Westen seit je als „orientalisch" fasziniert hat, sondern um den Raum als Ganzes: seine Anmutung, seine Gestalt, sein Licht, seine Metapher.

Ideal and conceived from the interior space. These mosque designs are ideal in the sense that they are not conceived for a particular urban site or for a particular client. They are based on reflecting the situation of Islam in Western Europe and on a creative reconsideration of the existing mosque types. They are all also based on the assumption that a convincing interpretation of a building task can only be developed from the inside. From the inside in two senses: on the one hand through understanding the essence of the task, and on the other because it is finally the interior space which has to fulfill what the other parts of a building promise. Not so much the adaptation of ornaments and all that, which has always fascinated the West as being "Oriental" interests us but space itself: its impression, its shape, its light, its metaphor.

STERNENHIMMELSFRAGMENTE
Fragments of a starlit sky

Gebetsraum mit Blick auf die Empore   Prayer hall with view toward the gallery

Der Entwurf variiert zwei traditionelle Charakteristika islamischer Architektur. Die Raumgestalt resultiert aus vier unterschiedlich breiten und hohen Quadern, die sich ineinander verdrehen. Das Anschrägen von zwei Seiten kreiert fragmentarische, im Raum tanzende Dachflächen, die mit ihren eingestreuten Glaszylindern an orientalische Ornamentik erinnern. Diese dämpfen das Raumlicht, was die Gläser umso mehr zum Glänzen bringt und den Blick in die Höhe zieht. Die Verschneidungen erlauben die Integration von Nische, Kanzel und Empore, ohne den Raumfluss zu unterbrechen. Es entsteht ein auratischer und feierlicher Gebetsraum, der dank seiner Rotation aber nicht steif und festgefügt und dank seiner Großflächigkeit nicht hektisch wirkt, sondern souverän und konzentriert.

The design uses two traditional characteristics of Islamic architecture. The spatial structure is based on four oblongs twisted together, varying in height and width. Sections of the oblongs are removed, creating inclined roofs. The angles of the two sides create fragmented roof sections. These roof sections, with their scattered glass cylinders are reminiscent of Oriental ornamentation and decoration. This reduction of light encourages the visitors to look up to the light-speckled ceiling. The intersections allow for the integration of a niche, pulpit, and galery, without interrupting the flow of the room. The result is a solemn and reflective prayer room. Thanks to the rotation of its elements, it is not stiff nor is it hectic because there are large uninterrupted surfaces.

Grundriss Plan

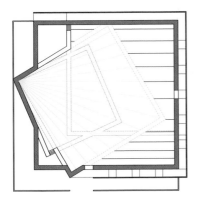

Diagramme Diagrams

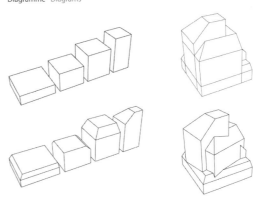

Deckenuntersicht Reflected ceiling plan

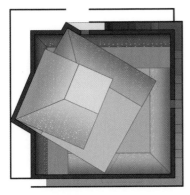

Schnitt Section

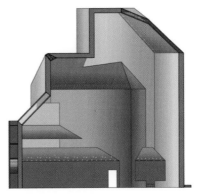

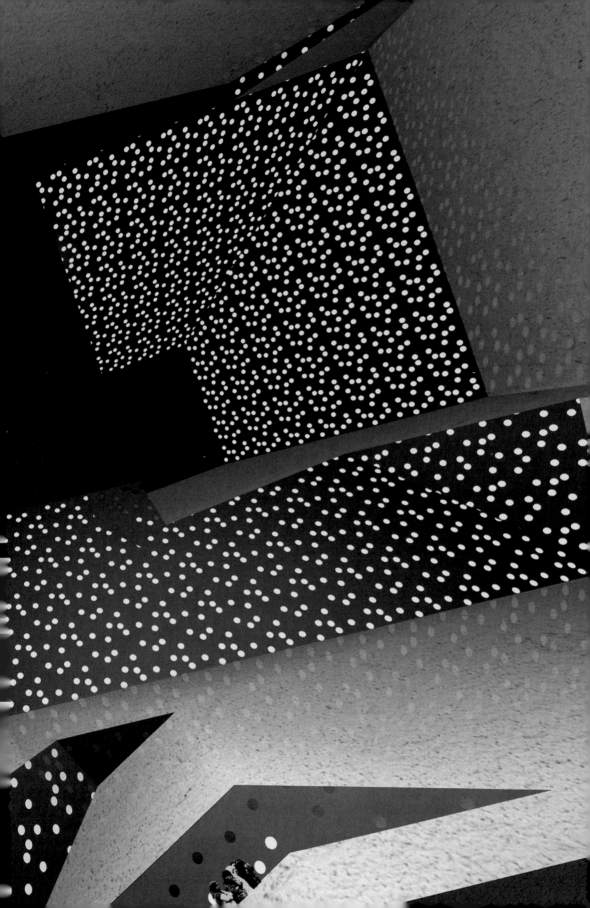

GEWOBENES LICHT
Woven light

Schnitt durch den Gebetsraum Section through prayer hall

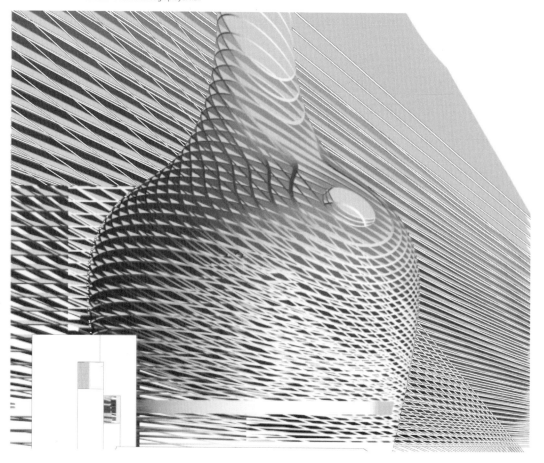

Was passiert, wenn ein Würfel in Stapel sich aufblätternder Karten aufgelöst wird und drei solcher Stapel ineinandergeschoben werden? Wenn ein korbähnlicher Hohlkörper das kunstvoll gewobene Netz im Inneren ausfräst und so dem menschlichen Auge ein unendlich vielfältiges, sich nirgendwo identisch wiederholendes Netz offenbart, in dessen Tiefen sich Auge und Licht gleichermaßen verlieren? Wenn der Korb in zwei Hälsen auswächst, die in zwei Okuli enden, die den Raum mit zwei mächtigen Lichtstrahlen beflecken? Wenn Iwan, Mihrab, Minbar und Empore sich als glatte Sichtbetonskulpturen gegen die sich in der Porosität des tiefen Lichtgitters manifestierende Auflösung stemmen? Es dürfte ein Raum sein, der das aristotelische Staunen als Beginn der Religion, nicht nur der Philosophie, nahelegt.

What happens when a cube is transformed into three piles of cards and then dove-tail shuffled together? What happens when a basket-like body artfully cuts away so that a similar repeating network is formed and, in its depth, light as well as the view of the audience are lost? What happens when the woven basket grows into two funnels, ending in two circular openings, creating two powerful beams of light, speckling the surface below? What happens when smooth concrete structures such as the mihrab, minbar, iwan, and galleries oppose the porosity of the deep light grid? It should be a space that suggests that Aristotelian awe is the beginning of religion too, not only the philosophy.

Axonometrie Raumkonzept Axonometric of spatial concept

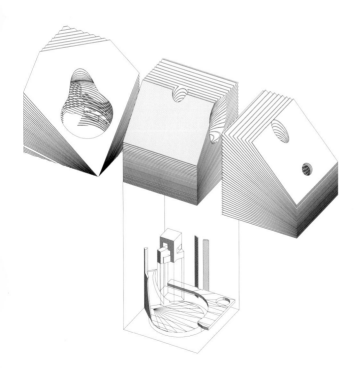

Deckenspiegel Reflected ceiling plan

Grundriss Plan

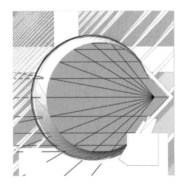

Entwurf: Design: Luise Siebert

BERGENDE STRAHLEN
Sheltering rays

Vogelperspektive Bird's eye view

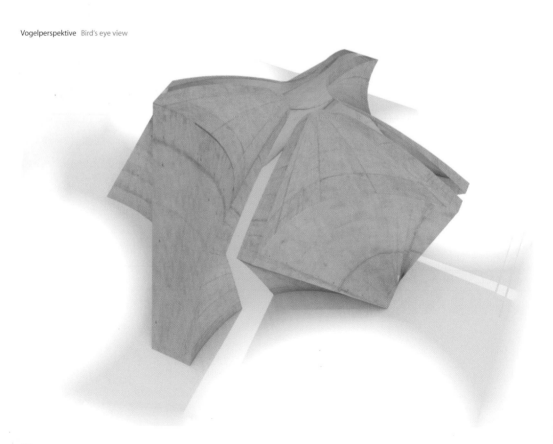

Das Christentum kennt vor allem längsge- richtete oder zentralsymmetrische Räume, der Islam hingegen hat trotz der Vorgabe, in Richtung Mekka zu beten, immer wieder un- gerichtete oder vielgerichtete Räume gebaut und das Inszenieren eines Zielpunkts bewusst vermieden – selbst in den Kuppelmoscheen wird der Scheitelpunkt nie mit einer Laterne betont.

Der Raum dieses Entwurfs strahlt in die vier Himmelsrichtungen aus und ist somit zunächst ein exzentrischer, verströmender Raum. Indem sich die Decke aber wölbt, senken sich die Strahlen schützend über dem Betenden. Durch die Parallelverschiebung des Achsenkreuzes wölben sich auch die Wände und spielen das Spiel des Verströmens und Sammelns weiter. Das Teppichmuster re- sultiert aus der Spannung zwischen fluchten- den und haltenden Kräften im Raum – und steigert diese.

For a long time Christianity has concerned itself with centrally symmetric or longitudinal spaces. Islamic worshippers, on the one hand, have to pray in the direction of Mecca, still the architectural spaces should be designed to be non- or multi-directional and avoid facing a focal point. An example is the apex of the dome, which is never punctured by a lantern.

The shape of this design radiates outwards in the four compass directions and is thus an eccentric, exuding space; however, the ceiling is vaulted creating the impression of protec- tion for the worshippers below. Through the parallel shifting of the axis, the walls bulge and further create a space that oscillates between containing and exuding. The carpet pattern illustrates and intensifies the tension between the eccentric and concentric forces within the space.

Grundrisse Plans

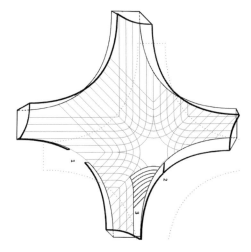
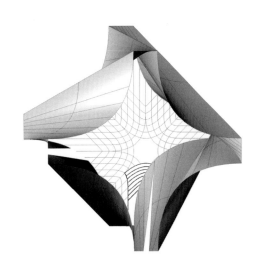

Ansicht und Schnitte Elevation and Sections

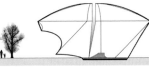

ARCHETYPUS IM HALBDUNKEL
The archetype in the half-dark

Blick von der Empore View from the gallery

Die Höhle ist ein Archetypus, auf den sich viele Sakralräume beziehen lassen – sei es atmosphärisch, in geometrisierender Anverwandlung oder gar in plastischer Nachahmung.

Im vorliegenden Entwurf wird eine Art „terrassierter Kieselstein" von weichen terrassierten Räumen ausgehöhlt. Dieser völlig homogene, fließende Raum liegt im Halbdunkel, sodass seine ohnehin nie ganz zu überblickenden Ränder noch unschärfer werden. Das Licht fällt nur durch wenige wie zufällig eingestreute Oberlichter und wird vor allem von den Kanten der Stufen aufgenommen. Die größte Lichtöffnung jedoch liegt am Ende des länglichen Raumes, und gibt sich damit als lichtgewordene Mihrab-Nische, als lichtgewordener Mekka-Zeiger zu erkennen. Die Raumhülle ist vollkommen in Holz ausgeschlagen.

The cave is an archetype that relates to many sacred spaces—at least atmospherically, if not through geometric approximations or sculpted imitations.

This design represents a "terraced pebble" which is carved out by terraced spaces. This completely homogenous and fluid space lies in half darkness so that its edges, which can never completely be overlooked anyway, are further blurred. The light shines through only a few, randomly interspersed skylights, which primarily illuminates the edges of the steps. The largest source of light is positioned at the end of the long room so that the lit mihrab niche becomes the pointer to Mecca.
The interior skin is completely lined with wood.

Explosionsaxonometrie Raumkonzept Axonometric of spatial concept

Grundriss OG Upper floor plan

Grundriss EG Ground floor plan

Längsschnitt Longitudinal Section

Entwurf: Design: Heiko Maier-Jantzen

EMPHASE DES DENKENS
The emphasis of thought

Zugang über seitliche Öffnung Access via lateral opening

Sakralräume können Kulträume, Prozessionsräume, Versammlungsräume oder Wandelhallen sein. Auf den ersten Blick widerspricht dieser Raum mit seiner Emphase und der imposanten Kibla-Wand dem islamischen Gebot, Gott nicht zu materialisieren. Auf den zweiten Blick aber zeigt sich, dass dem Exaltierten der beiden Stirnwände die weiten Eingangsfugen zwischen den Fächern entgegenstehen. Durch sie wird die Moschee seitlich erschlossen, und durch sie wird das städtische Leben Teil des Raums. Dieses enge Nebeneinander von Dramatisierung und Entdramatisierung, von großer Verdichtung und gelassener Auflösung formt einen ganz eigenen, spannungsgeladenen Raum, der weniger zur Selbstversenkung als vielmehr zur intensiven Reflexion aufzufordern scheint.

Sacred spaces can be places of either worship, procession, or gathering. At first view this design, with its imposing kibla wall, contradicts the Islamic instruction of not materializing God. On closer inspection, however, it appears that the opening between the compartments opposes the eccentric nature of the two end walls. Opening the mosque from two longitudinal sides allows civic life to become part of the room. This juxtaposition between the dramatization and de-dramatization of emphatic density and relaxed dispersion forms a unique space, inspiring intellectual reflection rather than meditation.

Grundriss Plan

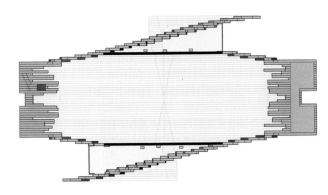

Schnitt durch den Gebetsraum Section through prayer hall

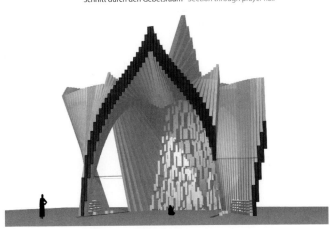

Entwurf: Design: Lorena Adam

DER VERBORGENE ZENITH
The hidden zenith

Blick auf die Kibla-Wand View onto kibla wall

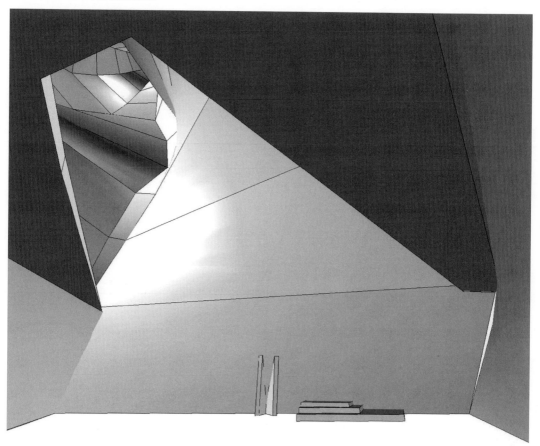

„Osmanische Kuppelmoschee" ist eigentlich eine irreführende Bezeichnung, denn das Charakteristikum dieses Typus ist nicht die Kuppel, sondern die Vielfalt der Lösungen, mit denen der Übergang von der Halbkugel zum Kubus gestaltet wurde. Die Bezeichnung „Transformationsmoschee" oder „Übersetzungsmoschee" wäre eigentlich treffender, wenngleich die Kuppel den Raumeindruck beherrscht.

In dieser Moschee bildet der segmentierte Übergang vom Dreieck zum Sechseck den Raum. Durch Skalierung der Zwischenschritte und Verschiebung des Mittelpunkts entsteht eine spiralförmige Aufwärtsbewegung, die den Gipfelpunkt dem Blick entrückt. Das Zenithlicht strömt gestaltlos an den Raumkanten entlang. Die zunächst geschlossen wirkende Hülle wird in drei abenteuerlich verdrehte Scheiben aufgelöst, indem die Nähte verglast werden.

The name "Ottoman Dome Mosque" is actually misleading because the characteristic of this type of mosque is not so much concerned with the dome itself but the variety of solutions used to design the transition between hemisphere and cube. The term "Transformation Mosque" would be more appropriate even though the dome dominates the spatial impression.

This mosque is designed around the transition from a triangular to a hexagonal space. By scaling the intermediate steps and offsetting the central point, an upward moving spiral is created, the peak of which is not visible. The zenith light shines amorphously through the continuous edges of the building. The initial closed shell is divided into three twisted discs with glazed seams.

Ansicht Elevation

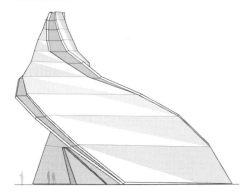

Grundrisse Plans

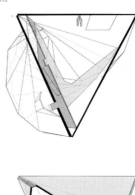

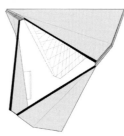

Schnitt Section

Entwurf: Design: Anna Schultheis

DAS GEWAND IM WIND
The garment in the wind

Blick zum Oberlicht View toward the skylight

Gewand von innen Garment from the inner side

Schwerelosigkeit und Körperlosigkeit wurden im Laufe der Jahrhunderte immer wieder neu und anders in der islamischen Architektur thematisiert. Extrem dünne Doppelsäulen unter schweren Bogengängen, glasierte Iwanschilder, kristallin geschliffene Kuppelkomposite, atektonisch verlaufende Gesimse oder stukkatierte Muqarnas sind einige Beispiele.

Die Schalenbauweise, die die Kuppelkonstruktion im klassischen Sinne abgelöst hat, erlaubt, freie Formen in Beton zu gießen. Das Leitbild des zeitlos und unabänderlich Gefügten wird hier ersetzt durch eine Momentaufnahme: das Bild eines leichten, vom Wind geblähten Gewandes.

Der halsförmige Vorraum bereitet das Schauspiel der weichen Formen des Hauptraums vor, während der zurückgesetzte Glassockel maßstabbildende Sitznischen ermöglicht.

For hundreds of years, weightlessness and immateriality have been an ongoing theme in Islamic architecture. Clear examples of this include the extremely thin double pillars, which support heavy arches, the glazed iwans, the crystalline dome composites used as non-tectonic frames, and stuccoed muqarnas.

The shell-shaped structure has replaced the classical dome. This structure is a free form created by using poured concrete. This image of timelessness and irreversibility has been replaced by a snapshot, the image of a weightless robe billowing in the wind.

The narrow hallway prepares for the spectacle of the soft forms in the main room while the recessed glass base allows for scaled alcoves.

Grundrissentwicklung Development of plans

Ansicht Elevation

Schnitte Sections

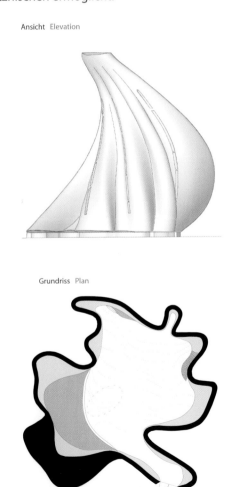

Grundriss Plan

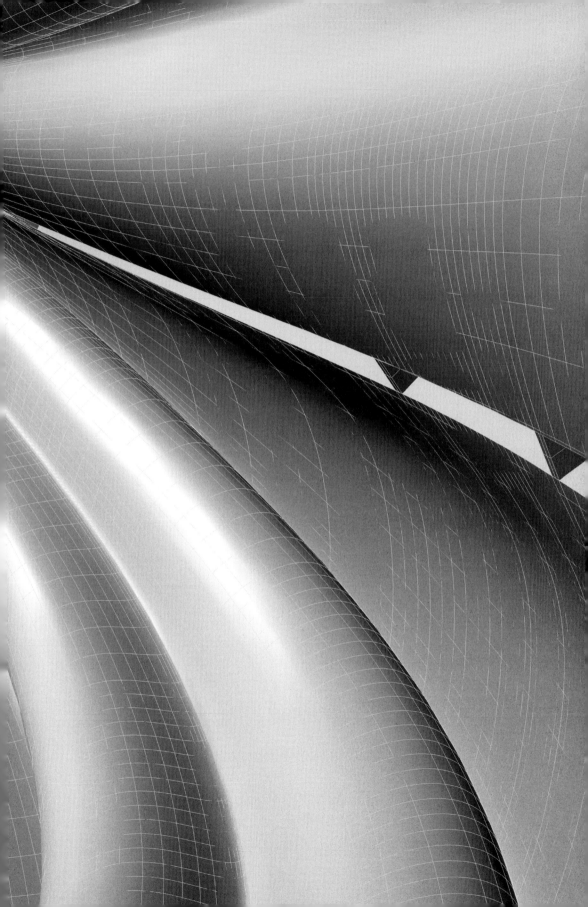

Entwurf: Design: Leona Jung

DER VERGOLDETE SCHLEIER
The gilded veil

Blick in die Frauenmoschee View into the women's mosque

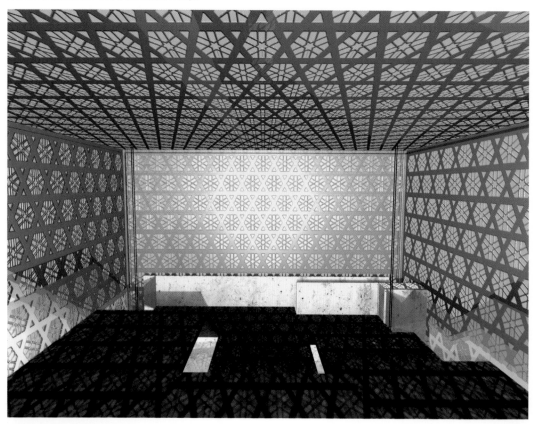

In einigen „Hinterhofmoscheen", deren Geschossigkeit keine Emporen zulassen, wird das Freitagsgebet per Bildschirm in den Frauenraum übertragen.

Dieser Entwurf kehrt die Hierarchie um: nicht nur wird der „Zweitraum", die Frauenmoschee, aufgewertet, indem sie über der Männermoschee thront, sondern sie wird zum Filter und Mittler zwischen Außenraum und Männermoschee, indem diese ihr Licht ausschließlich über die Frauenmoschee empfängt. Die Frauenmoschee mit ihrem terrassierten Gebetsteppich wird von einem Messingschleier umhüllt, der teils dem Umriss des Quaders folgt und teils weich im Raum schwebt und fällt. Eine funkelnde, licht- und schemendurchlässige Grenze zwischen Ober- und Untermoschee bildend, belebt sein Lichtspiel die geschlossenen Wände der Untermoschee.

Since in some "backyard-mosques" the heights of the buildings leave no room for galleries, the Friday prayers are transmitted to the women's prayer room by TV screen.

This design reverses the hierarchy: not only has the "second room," the women's room, been upgraded and now towers above the men's mosque, but it also acts as a filter and intermediary between the exterior and the men's mosque, as light shines exclusively through the women's mosque. The women's mosque, has a terraced prayer area covered by a veil of brass, which partly follows the outline of the box but is also partly floating in the room then cascades downward. The veil creates a light and shadow-permeable boundary between the two levels of the mosque, producing an animated show of light in the completely closed off mosque below.

Aufgang zur Frauenmoschee Stairs to the womens' mosque

Grundrisse Plans

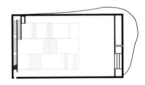

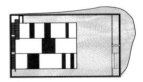

Schnitt Section

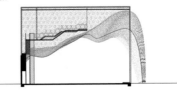

Entwurf: Design: Maxine Shirmohammadi

DIE KUPPEL IM KUBUS
The dome in the cube

Blick zur Decke View toward the ceiling

Das osmanische Thema von Kubus und Kugel wird neu gedeutet, indem die Halbkugel dem Kubus nicht aufsitzt, sondern als Hohlkörper den abgeflachten Kubus aushöhlt. Der verbleibende Vollkörper wird mit winkelförmigen Schwertern quasi „grafisch" materialisiert. Diese sind in unterschiedlichen Rhythmen angeordnet und erinnern als „Quadrate im Quadrat" einerseits an die arabische Pfeilermoschee. Andererseits wirken sie in der Art, in der sie von der Decke „regnen", wie Muqarnas, jene papierdünn wirkenden, geometrisch gefalteten Stukkaturen, mit denen Kuppeln und Raumzwickel unterschiedlichster Epochen ausgestaltet wurden und die gewissermaßen zur Signatur des Islam wurden. Die größten Winkel aber sind die Außenwände, deren Komplementarität den Raum dramatisch in Hell-Dunkel-Partien gliedert.

The Ottoman idea of the cube and sphere has been reinterpreted so that the hemisphere doesn't sit on top but instead is formed by hollowing out the cube. The remaining mass is articulated by angular quasi "graphic" blade-like structures. On one hand, these blades are scaled in a diverse manner, as angles within a square, they resemble the Arabic pillar mosques. On the other hand, the design gives the impression of rain falling from the ceiling similar to the muquarnas. The muquarnas with their paper thin, geometric stuccos create domes and spandrels. Used during different eras, the muquarnas have generally become the signature of Islamic design.
The largest angle, however, is the outside wall, which dramatically divides the space into two large sections: light and dark.

Ansicht Elevation

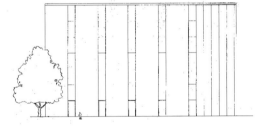

Schnitt Section

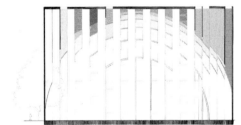

Deckenspiegel Reflected ceiling plan

Grundriss Plan

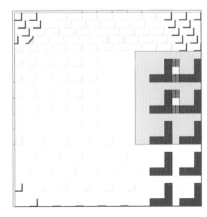

Entwurf: Design: Anna Rutz

VERSTRÖMENDER UND
SAMMELNDER RAUM Dispersing and collecting space

Blick in die Frauenmoschee View into the womens' mosque

Das Projekt kombiniert Elemente der persischen Iwan-Moschee auf neue Weise. Ost- und Westiwan orientieren sich zur Stadt und bilden die Hofportale. Durch die Nord- und Südiwane gelangt man über Rampen in die höher gelegenen Gebetsräume, die komplementären Charakter haben: die Männermoschee besteht aus korridorähnlichen, auseinanderstrebenden Räumen, die die körperliche Präsenz des Predigers eher verstecken, um die Konzentration ganz auf den sich an den Wänden brechenden Klang der Stimme zu lenken. Die Frauenmoschee hingegen ist ein sammelnder Raum. Die Verwerfungen durch die Überlagerung zweier Raster, das Aufständern der Gebetsräume sowie das Aufschlitzen der Raumkanten lassen diese Moschee nicht als Monument verkündender Gewissheit, sondern suchender Nachdenklichkeit erscheinen.

The project combines elements from Persian iwan mosques in an innovative manner. The east and west iwans are orientated towards the city and lead to the courtyard entrance. From there the integrated ramps in the north and south iwans lead to the elevated prayer rooms. The two prayer rooms are complimentary in character: these consist of corridor-like exuding spaces which hide the body of the imam, therefore concentrating the worshippers' attention on the sound and echo of his voice. On the contrary, the women's mosque, is more of a collecting chamber.
The turmoil of the two grids and the elevation of the prayer room, as well as the slits in the vertical joints of the walls, means the mosque is not considered to be a proclamatory monument, instead of one that encourages reflection.

Raumentwicklung Development of space

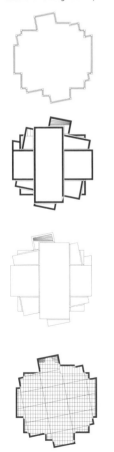

Schnitte Sections

Draufsicht Gebäude Roofplan

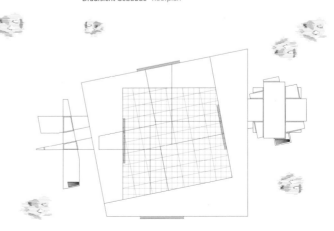

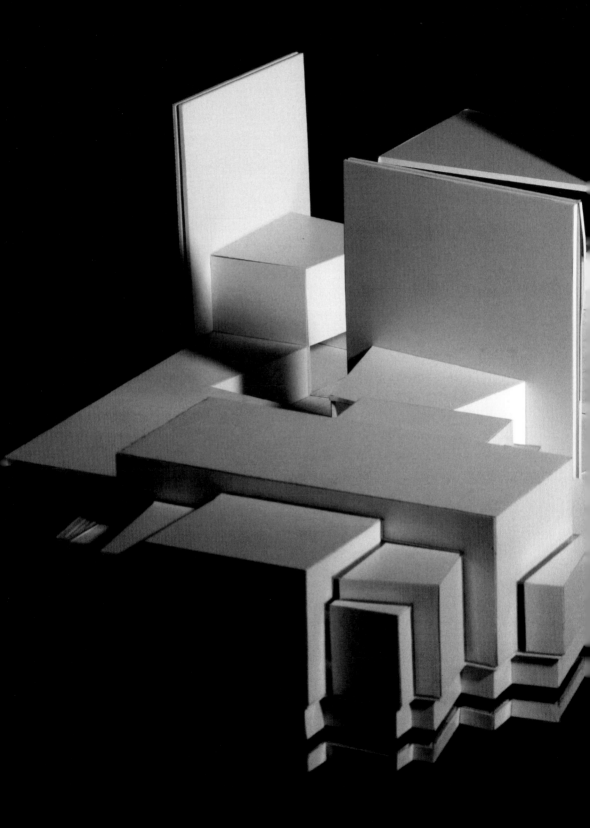

DREIDIMENSIONALE ARABESKE
Three-dimensional arabesque

Blick von der Rampe / Blick auf die Mirhab-Nische   View from the ramp / View toward the mihrab niche

Arabesken bestehen aus ineinander verschlungenen Linien streng stilisierter Pflanzenranken. Sie haben breite Verwendung gefunden im Buch- und Kunsthandwerk und in der islamischen Architektur als Oberflächenornamentik, aber nicht als dreidimensionale Raumstruktur.

Dies ist das Anliegen des vorliegenden Entwurfs, der ein Betonskelettsystem zu einer kelchförmigen Blüte aufschießen läßt. Die Ausfachung der Felder zwischen den Rippen mit transparentem und blaugefärbtem Glas erzeugt auf dem sandgelben Teppich ein kaleidoskopartiges Licht- und Schattenspiel. Auch in traditionellen Moscheen findet man dieses Spiel gelegentlich, aber nur als Nebenthema.

Religiosität und Gebet werden in diesem Raum als Hommage an die Schönheit der Schöpfung verstanden.

Arabesques are composed of intertwining lines, influenced by strong and stable plant tendrils. Arabesques have been widely used in artwork, books, and the surface decoration of Islamic architecture; however, they have never been used to create a fully three-dimensional structure.

This concrete skeletal design represents a sprouting chalice-shaped flower. By covering the areas between the ribs with transparent and tinted blue glass, a kaleidoscopic pattern is created on the sand-colored carpet below. This use of light and shadow is apparent in traditional mosques however, it is not normally the main feature.

In this design, religion and prayer are understood as a tribute to the beauty of creation.

Grundrisse Plans

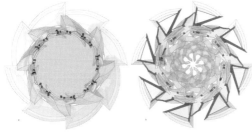
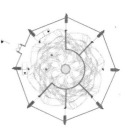

Explosionsaxonometrie Exploded axonometric

Schnitt Section

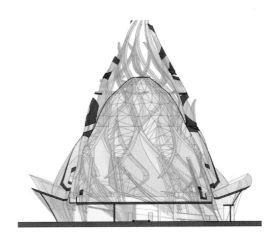

Entwurf: Design: Iris Arnold

MUSLIMISCHE KAPELLEN
Islamic chapels

Deckenspiegel Reflected ceiling plan

Dieser Entwurf greift die These auf, dass sich in Westeuropa eher individualistische als orthodoxe Strömungen des Islam herausbilden werden.

Der Islam fordert nicht nur das gemeinschaftliche, sondern auch das persönliche Gebet. Da er keine Heiligenverehrungen kennt, haben Moscheen auch keine Kapellen. Warum aber sollten Gebete des Einzelnen sowie in kleinen und großen Gruppen nicht gleichzeitig innerhalb einer Moschee ermöglicht werden? Die in gläserne Paravents übersetzten Steinpfeiler der arabischen Moschee werden so rhythmisiert, dass Nischen und Räume entstehen, die bis zu 60 Personen aufnehmen können. Die Glasparavents brechen das Zenithlicht vielfach und kreieren ein diffuses Raumkontinuum. Das flirrende Licht entrückt die geschlossenen Außenwände dem Blick.

The design is based on the assumption that in Western Europe it is more probable that individualistic Islamic movements will emerge, as opposed to orthodox factions.

Islam requires both communal and personal prayer. Since there are no saints or religious icons in Islam there is also no chapel. Why, in a mosque, is it not possible to simultaneously combine individual and communal prayer spaces?

The glass paravents are a modern reinterpretation of the stone pillars of the Arabic mosques. They are displayed rhythmically to allow spaces for 1–60 people.

The glass screens divide and scatter the zenith light creating continuous diffused illumination within the room. The flickering light hides the closed off outside walls from view.

Grundriss Plan

Schnitte Sections

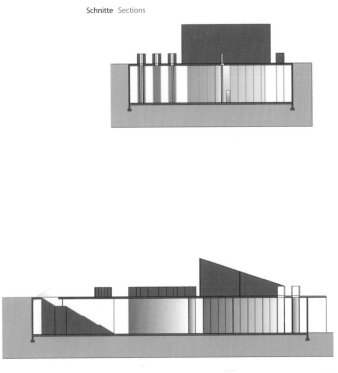

SCHWEIGENDE WÄNDE
Silent walls

Gebetsraum Prayer hall

Moscheen haben in der Regel keine den Hauptraum „vorbereitenden" oder „verzögernden" Eingangsräume. Einzig die Höfe und Iwane sind Schwellenräume zwischen Innen und Außen.

Hier nun leiten zwei dunkel gehaltene Gänge mit geneigten Ebenen zum Gebetssaal hin. An ihren hellsten Punkten wendet man sich um und schaut in eine von glatten Sichtbetonwänden und Decken gebildete Halle, aus der sich ein Kubus herausschiebt. Die Fuge zwischen Hauptbau und Kubusstirnwand wird dreiseitig verglast und lässt die Kibla-Wand zu den Gebetsstunden in wechselndem Licht erstrahlen.

Die ernste Geschlossenheit dieser Moschee verneint zugunsten eines konzentrierten Innenraums die populäre Forderung, dass auch sakrale Räume „einsehbar" und „einladend" sein sollten.

Mosques don't usually have entrance rooms for "preparation" or "delaying." The courtyard and the iwans are the only thresholds between the interior and exterior.

Here there are two dark corridors that lead, with inclined planes, to the prayer hall. At their brightest point there is a large hall consisting of smooth concrete walls and a ceiling, from which a cube is protruding outward. The three-sided joint between the main building and the front wall of the cube is glazed, leaving the kibla wall and the prayer sessions exposed to the changing natural light.

The solemn unity and closure of this mosque, and the concentrated interior space goes against the common view that sacred spaces should be "inviting" and "transparent."

Explosionszeichnung Exploded Axonometric

Grundriss Plan

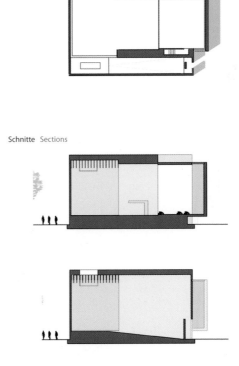

Schnitte Sections

Entwurf: Design: Jacob Schairer

MATHEMATIK DER GEDULD
The mathematics of patience

Blick auf die Empore View toward the gallery

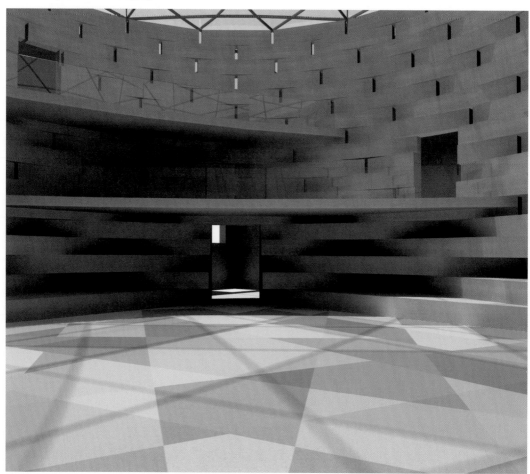

Eine der ältesten Moscheen, der Felsendom in Jerusalem (691), beruht auf der Staffelung von Oktogon und Zylinder im Grundriss. Aber er war nicht typusbildend, das große Thema der Moscheen wurde das Übereinander von Halbkugel und Kubus.

Dieser Entwurf besinnt sich wieder auf die horizontale Sequenz: auf ein ungegliedertes Mauergeviert folgt eine im Verband errichtete zylindrische Mauer, deren Vertikalfugen als Lichtschlitze fungieren. Der schluchtartige Zwischenraum dient den Waschungen. Die Innenseite des Zylinders jedoch wird schrittweise facettiert, beginnend mit vier Kanten, endend mit 21, was dem Kreis nahekommt. Nur eine Raumkante ist durchgehend vertikal, der Mihrab-Zeiger. Der Raum wirkt in seiner kompromisslosen Abstraktheit ernst, aber auch intim.

The Dome of Rock in Jerusalem AD 691, one of the oldest mosques, has a floor plan based upon the juxtaposition of an octagon and a cylinder. It was not, however, a typical form; the main mosque shapes are based on the superimposition of the hemisphere and the cube.

This design reflects upon the idea of the horizontal sequence: one unarticulated four-sided wall is attached to a cylindrical one. Vertical joints are used as light slits. The canyon-like space serves as a place for the ritual of washing. The interior of the cylinder is faceted, and an additional facet is applied with each layer. Only one edge grows vertical continually and acts as the mihrab index. The atmosphere in the room is serious through its uncompromising abstraction, but at the same time it remains intimate.

Axonometrie Axonometric

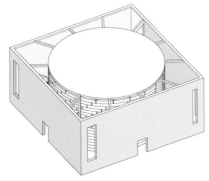

Sicht auf die Treppe View onto stairs

Grundrisse Plans

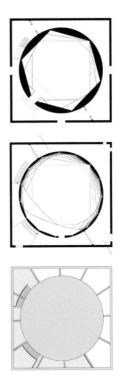

Schnitt Section

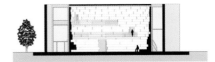

93

Vorstudien

Studies

3

In den Vorstudien waren die Studenten aufgefordert, die räumlichen, atmosphärischen und ideellen Charakteristika der drei etablierten Moscheetypen in abstrakten Modellen nachzuempfinden, zu verstehen und schöpferisch weiterzuentwickeln.

Thema der ersten Vorstudie war die Rhythmisierung eines Feldes mit linearen Elementen. Dieses Thema beherrscht die Architektur der arabischen Pfeilermoscheen.

Thema der zweiten Vorstudie war der von vier hohen Wandscheiben umstandene Hof. Diese Scheiben flankieren den Eingang zu einem verströmenden Raum bzw. dem gegenüberliegenden sammelnden Raum. Die Entwürfe von je zwei Studenten wurden zu einem Geviert kombiniert. Dies Thema charakterisiert die persischen Vier-Iwan-Hofmoscheen.

Thema der dritten Vorstudie war der Übergang von einer geometrischen Grundform in eine andere, also etwa von einem Dreieck zu einem Sechseck, von einem Quader zu einer Kugel usw. Mögliche Formen des Übergangs sind Nebeneinanderstellung, Facettierung und Verschleifung. Dies Thema erforschen die osmanischen Kuppelmoscheen.

Die meisten Studenten entwickelten in ihren Projekten vor allem die dritte Studie weiter, sodass wir hier nur Exempel der ersten beiden zeigen.

In introductory studies, the students were asked to understand and develop the spatial, atmospheric, and intellectual qualities of the three established mosque types —they were asked to build models.

The theme of the first study was the rhythmization of a field with linear elements. This theme governs the architecture of the Arabic pillar mosque.

The theme of the second study was the courtyard being surrounded by four high shields. These shields frame the entrance to a dispersive room, or, on the opposite side, to a collecting room. The projects of two students were combined to form a courtyard. This theme characterizes the Persian four-iwan mosques.

The theme of the third study was the transition from one geometric figure into another one, for example from a triangle into a hexagon, or from a cuboid into a sphere. Possible modes of such a transition are juxtaposition, faceting, or smoothing. This theme is explored by the Ottoman dome mosque.

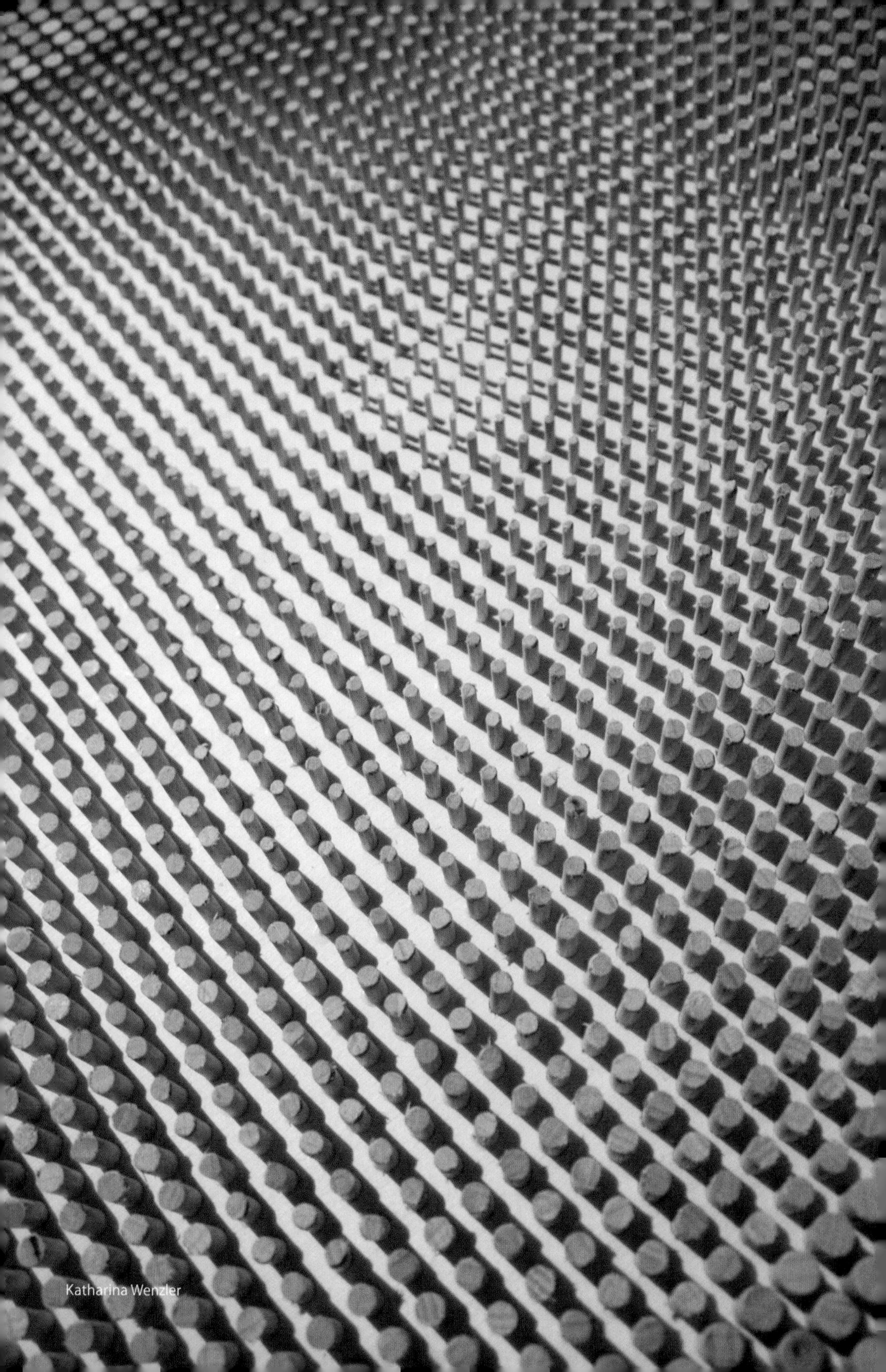
Katharina Wenzler

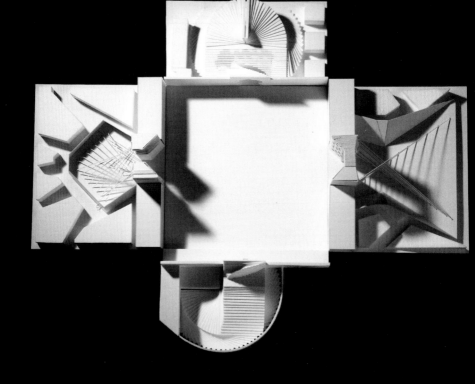

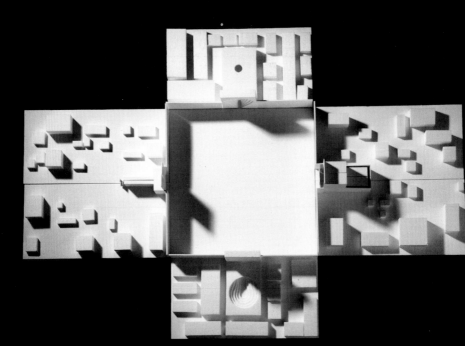

Heiko Maier-Jantzen / Christian Gutenberger
Caroline Pracht / Maximilian Wieder

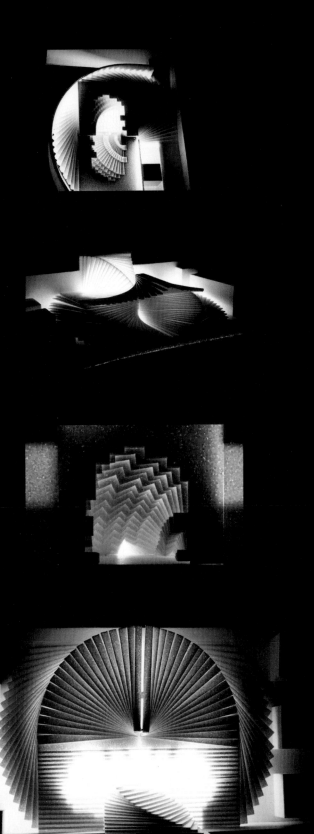

Heiko Maier-Jantzen

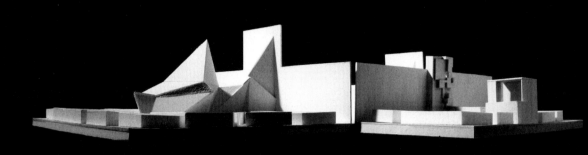

Sabine Wagenknecht
Maxine Shirmohammadi

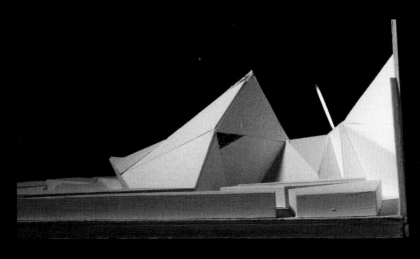

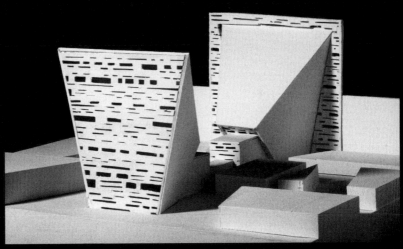

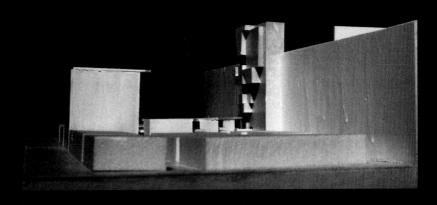

Sabine Wagenknecht
Leona Jung
Maxine Shirmohammadi

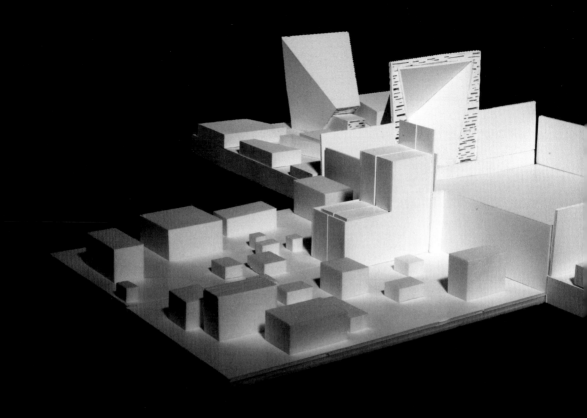

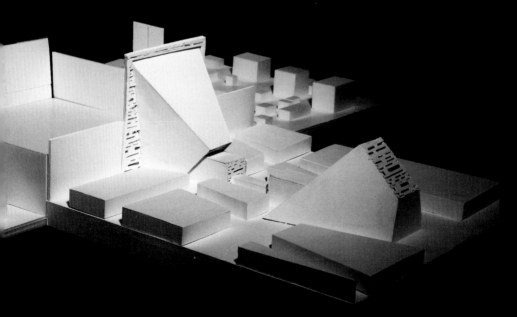

Leona Jung / Maximilian Wieder
Leona Jung / Patrick Andretzki

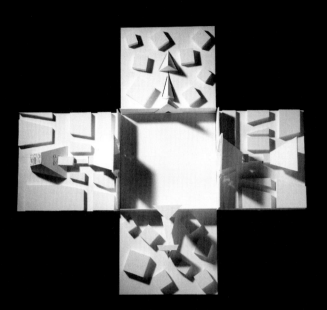

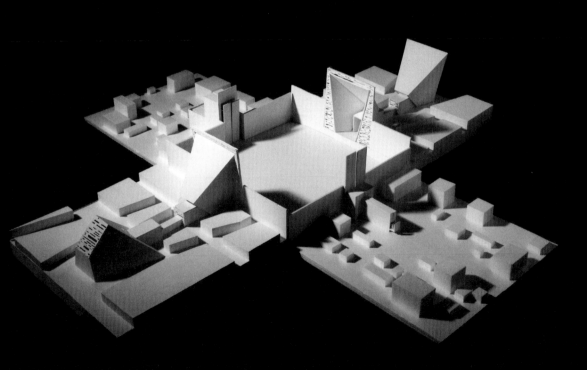

Kommentare

Comments

Unser schöner Waschsalon

Die Wellritzer Straße ist eine belebte multikulturell geprägte Straße Wiesbadens. Seit einem Artikel im „Spiegel" (30/2004) ist sie deutschlandweit bekannt.

Sie ist gesäumt von Friseuren, Metzgern, Reisebüros, Gemüsehändlern überwiegend türkischer Herkunft – und in ihr steht ein Waschsalon mit großem Schaufenster leer.

Dort mieten wir uns für zehn Tage ein. Die Zeichnungen hängen wir an Wäscheleinen auf, die Modelle stehen auf Zeichentischen der Hochschule. Dazwischen liegen Papiere und Stifte für Kommentare. Diese werden dann sukzessiv auch aufgehangen und auf der Finissage verlesen und diskutiert. In den zehn Tagen kommen mehr als 500 Besucher. Viele davon waren niemals in einem Museum, viele bleiben mehr als eine halbe Stunde, betrachten nicht nur die Projekte, sondern lesen auch die Texte, suchen das Gespräch mit Fremden, mit Studenten oder dem Professor. Manche Passanten gehen mehrere Tage hintereinander mit abschätzigen oder unsicheren Blicken vorbei, bis sie dann doch hineinkommen. Einige der Kommentare haben wir im Folgenden dokumentiert:

Our beautiful launderette

Wellritz Street is one of the most vivid, multicultural streets in Wiesbaden. Thanks to an article in the *Spiegel*, the street is well known all over Germany. It is lined with hairdressers, butchers, travel agents, and greengrocers, most of them of Turkish origin. On this street there is a vacant launderette which we rented for ten days. The drawings and explanatory information were displayed on a clothes line and the models were exhibited on college drawing tables. Blank paper and pen were readily available for the visitors who were encouraged to add their comments and responses to the clothes line. Over ten days, 500 people visited the exhibition, many of whom had never been in a museum. Visitors often stayed for over thirty minutes and not only looked at the projects but read the supporting material and engaged in discussion with other visitors, students, and professors.

Others passed by with skeptical expressions, until eventually they came in and discovered the true nature of the exhibition. Documented are some of the visitors' comments:

„In Arabien, bei den Scheichs, da gibt es viele Moscheen, da guckt man erst einmal eine Stunde. Das lenkt vom Beten ab. Das ist nicht gut. Sie haben hier auch viele Räume, die ablenken, finde ich. Außerdem brauchen Moscheen ein Minarett. Das ist Symbol für eine Moschee. Bei Ihnen hier fehlen Minarette und die Räume sehen aus wie Turnhallen oder Konferenzräume. Warum wollen Sie Moscheen ändern?"

„Weil die türkischen Moscheen vor allem zeigen, wie die Türken, und vor allem der Sultan, vor 500 Jahren den Islam interpretierten. Heute denken doch alle anders."

„Die Moschee hier unter der Erde ist nicht gut. Moschee ist kein Grab. Auch die da ist zu dunkel."

„Aber dieser Raum ist doch sehr schlicht. In ihm kann man sich gut auf das Beten konzentrieren."

„Aber das sieht alles nicht nach Moschee aus hier. Nein."

Ein Deutscher, der in der Filmindustrie arbeitet und zugehört hat:

„Hoffen wir mal, dass sich der Islam endlich mal Neuerungen öffnet. Bisher muss man die Reformer ja noch mit der Lupe suchen. Dass die Sinne beruhigt werden in einer Moschee, da hat er recht, das ist wichtig. Aber das sehe ich ja auch bei vielen."

Monday, October 10, 2011   Visitor: Algerian man, athletic, articulate, wearing very large Ray-Bans

"In Arabia, where the sheikhs are, there are many mosques where you spend an hour just looking. That distracts you from praying. That's not good. There are lots of rooms here that distract you, too, I think. And mosques should have a minaret, it's the symbol for a mosque. Here you haven't got a minaret and the rooms look like a gym or a conference room. Why do you want to change mosques?"

"Because Turkish mosques mostly show how Turks and, especially, the sultan interpreted Islam 500 years ago. Nowadays people see that differently."

"This underground mosque here isn't good. A mosque is not a tomb. And that one is too dark, too."

"But this room is very plain and simple. You can concentrate on praying here."

"But none of it looks like a mosque. No."

A German man who works in the film industry and has been listening:

"Let's hope that Islam finally opens up to change. It's very difficult to find any reformers as of yet. Quieting the senses in a mosque—he's right—that is important. But a lot of the designs here do that."

Dienstag, 11. Oktober 2011   Besucher: Deutscher, blond, drahtig, wach, ca. 40 Jahre

„Kommen Sie rein, noch ist geöffnet."
„Ich interessier' mich nicht so für Religion, mehr für Raum und Struktur. Das wollt ich mir ansehen."
„Sehr gut, auch dafür sind wir Spezialisten. Nur zu."
Nach dem Ausstellungsrundgang:
„Wenn Sie in Córdoba waren, kennen Sie auch die Alhambra in Granada?"
„Klar."
„Was für ein Wunderwerk. Aber schade, dass die Christen so viel zerstört haben. Damals waren die Muslime tolerant, in Andalusien, und die Christen haben gemetzelt. Diese Moschee hier mit dem Kuppelabdruck, mit diesen Winkeln gefällt mir. Erinnert mich ein bisschen an die Alhambra. Wofür sind die Winkel?"
„Die fangen das Sonnenlicht auf."
„Tragen die etwas zu einer guten Akustik bei?"
„Bei einem Teppich ist immer ausgeglichene Akustik. Aber ehrlich gesagt, darüber haben wir in diesem Projekt noch nicht genau gesprochen."
„Aaaaaah, aber die Araber haben an alle Dinge gleichzeitig gedacht, das ist ja das, was so toll an ihrer Architektur ist."
„Richtig, aber wir hatten nur ein Semester Zeit, da muss man sich konzentrieren."
„Stimmt, die Araber hatten 1001 Semester Zeit."

Tuesday, October 11, 2011   Visitor: German man, blonde, wiry, alert, approx. 40 years old

"Come in, we're still open."
"I'm not that interested in religion, more in space and structure. I wanted to take a look at that."
"Fine, we're specialists in that, too. Go ahead."
After visiting the exhibition:
"If you've been to Córdoba, do you know the Alhambra in Granada, too?"
"Of course."
"What a masterpiece. But what a pity the Christians destroyed so much. At that time the Muslims were tolerant, in Andalusia, and it was the Christians who massacred. I like this mosque here with the imprint of the dome in the cube and the nooks. It reminds me a bit of the Alhambra. What are the nooks for?"
"They catch the sunlight."
"Are they good for the acoustics?"
"With a carpet you always have a balanced acoustic environment. But to be honest, we haven't actually talked about that in any detail in this project."
"Aaaaaah, but the Arabs kept all these things in mind at the same time, that's the fantastic thing about their architecture."
"That's right, but we only had one semester for this—we had to focus."
"True, the Arabs had 1001 semesters' time to do it."

Dienstag, 11. Oktober 2011   Besucher: Deutsche, Stadtplanerin, ca. 35 Jahre,
kommt kurz vor fünf gerade von einer anstrengenden Jurysitzung

„Ich bin ja eher dafür, dass wir uns mit Alltagsbauten befassen, mit realen Problemen, aber gut, hmmm, das hier ist
auch real. Das tut mir gut, zu sehen, dass auch das Besondere real ist… Sie haben hier eine Fülle toller Ideen."
„Ja, wissen Sie, Nietzsche hat gesagt‚Gott ist tot' und dennoch hat er Vorschläge für
Sakralbauten gemacht. Unser Bedürfnis nach dem Sakralbau hat den Tod Gottes überlebt."

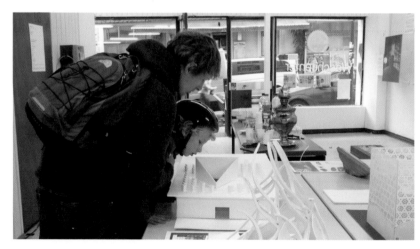

Tuesday, October 11, 2011
Visitor: A German woman, a city planner, around 35 years old, comes in just before five from a stressful jury session

"I'm more in favor of dealing with everyday buildings, with real problems, but well, hmmmm, this is real, too.
It does me good to see that something less ordinary is real, too…. You've got heaps of great ideas here."
"Yes, well, you know Nietzsche said‚God is dead' and yet he made proposals for sacral buildings.
Our need for sacred places has survived God's death."

„ Der Ausdruck „Hinterhofmoschee" ist eigentlich eine Gemeinheit. In der Innenstadt lässt man sie nicht bauen, drängt sie an die Ränder und wirft ihnen dann einen verpönenden Ausdruck hinterher, als ob in jeder Moschee eine Konspiration vorbereitet würde…
Interessant ist, dass Sie schreiben, dass die horizontale Achse in den Moscheen keine Rolle spielt. Denn das ist ja die Achse, mit der wir uns orientieren im Alltag. Beim Gespräch schauen wir uns ins Gesicht, und nicht auf die Füße. Der aufrechte Gang gehört zur horizontalen Sichtachse. Durch das Knien und Verneigen im Gebet erlauben wir uns, die Außenwelt auszublenden, zu uns zu kommen, den aufrechten Gang zu verlieren. Die Ekstasetechniken der Sufis mit dem Drehen haben auch hiermit zu tun.
Oder Yoga…
Was mir gut gefällt, ist, dass es nicht nur schöne Bilder gibt, sondern auch alles gut aufbereitet ist: geschliffene, informative Texte."

"The term 'backyard mosque' is unfair, really. They're not allowed to be built in the city center so they're pushed towards the outskirts and then they're frowned upon for that reason, as if a conspiracy was being plotted in every mosque…
Interestingly, you write that the horizontal axis isn't important in mosques. This is the axis that we focus on in everyday life. During conversation we look at the other person's face, not at their feet. Walking upright means we have a horizontal line of sight. By kneeling and bowing in prayer, we allow ourselves to filter out the outside world, to turn our focus inward, to lose our uprightness. The ecstatic techniques of the Sufis, with their whirling, is also related to this. Or yoga…
What I really like is that there are not just pretty pictures but that everything is well presented: well-written and informative texts."

Sonntag, 09. Oktober 2011   Besucher: dunkelhäutig, Trainingsanzug mit Mannschaftswappen, kommt von der Piazza Italia:

„Kommen Sie ruhig herein, die Ausstellung ist geöffnet."
„Was ist das hier?" Wo sind die Waschmaschinen?"
„Sind weg. Wir machen jetzt hier Gehirnwäsche."
„Gehirnwäsche, super, hat die ganze Welt nötig, oder?"
„Genau, es geht hier darum, wie Moscheen in…"
„Moschees? Echt ja, Moschees?"
„Ja, wie Moscheen in Deutschland aussehen könnten."
„Damit die hier reinpassen und für die die bleiben wollen. Ach, ich sag immer, der Unterschied zwischen den Religio-nen ist gar nicht so groß. OK, bei Schweinefleisch und Alkohol ja, aber ansonsten… *(schaut, gerät ins Nachdenken)* Die gefällt mir gut hier. Ach, hier, Córdoba, bin ich nicht reingegangen, hab ich aber von meinem LKW aus von der Autobahn gesehen…Das spitze Ding hier ist auch gut. Die hier *(der verborgene Zenith)* sieht aus wie das Ding an der Autobahn nach Barcelona, an der Grenze zwischen Frankreich und Spanien *(er meinte Ricardo Bofills Grenzmonument mit den verdrehten Pylonen, seine Assoziation ist also durchaus treffend, das werde ich der Studentin mitteilen müssen…)* Ich geh ab und zu in die Moschee Schwalbacher Straße. Jetzt haben die aber das ehemalige Fitnesscenter an der Schiersteiner gekauft. Das bleibt dann aber einfach so ein Kasten, so wie diese Moschee hier *(zeigt auf die Schweigenden Wände).*"

Drei Minuten später kommt er wieder, mit einem Freund:
„Schau mal, hier kannst Du sehen, wie Moscheen auch aussehen können,
so oder so oder so oder so…"
„Nein, so nicht."
„Warum nicht? Doch!"
„Darf ich ein Foto machen?"
„Nein, ich gehe, nein…"

Der Andere verlässt den Raum. Bisher habe ich kaum Fotos gemacht, und ausgerechnet jetzt, im absolut falschen Moment, wollte ich es.
I blew it, ich bin kein guter Integrist. Mächtiger Ärger über mich selbst.

Sunday, October 9, 2011   Visitor: dark-skinned, blue tracksuit with team badge, comes in from the Piazza Italia:

"Come in, the exhibition is open."
"What's this? Where are the washing machines?"
"Gone. We're doing brain washing now."
"Brain washing, super, the whole world needs one, doesn't it?"
"Absolutely. It's about how mosques…"
"Mosques? Really, mosques?"
"Yes, about what mosques in Germany could look like."
"So that they blend in here and for those who want to stay. Well, I always say, there's not such a big difference between the religions. OK, as far as pork and alcohol are concerned, yes, but otherwise… *(Looks around, becomes reflective).* I like this one here. Oh, here, Córdoba, I didn't go in, but I saw it from my lorry on the motorway…. This pointed thing here is good, too. This one *(the hidden zenith)* looks like the thing on the motorway to Barcelona, at the border between France and Spain *(he means Ricardo Bofill's boundary monument with the twisted pylons, his association is very accurate, I will have to tell the student about it…).* Now and again I go to the mosque in Schwalbacher Strasse. But now they've bought the former fitness center on Schiersteiner. But that'll just remain a square block, like this one *(points to 'Silent Walls')*"

Three minutes later he comes in again with a friend.
"Look, here you can see what a mosque could look like, like this or this or this or this…."
"No, not like that."
"Why not? Yes it could!"
"May I take a photo?"
"No, I'm going, no."

The other man leaves the room. I have hardly taken any photos up to now and now I wanted to take one at the worst possible moment. I blew it, I'm not a good integrist. I'm angry with myself all afternoon.

Dienstag, 11. Oktober 2011   *Besucher: Deutscher, ca. 30 Jahre, zusammen mit zwei Damen*

„Wenn Muslime eine Moschee in einer Innenstadt bauen wollen, gibt es immer gleich einen Aufschrei von den Rechtspopulisten. Das ist dumm."

„Sehe ich genauso, denn wer in der Stadt präsent ist, identifiziert sich mit ihr. Teilhabe und Erfolge entschärfen Konflikte."

„Eben. Hatten Sie denn auch muslimische Studenten?"

„Hmm, die Frage wird mir dauernd gestellt, und ich wünschte, ich könnte ja sagen. Nein, wir hatten keine. Nicht mal einen Quotenstudenten. Unser Seminar verhilft dem Bundesamt für Statistik also nicht zu schönen Zahlen. Aber auch deswegen sind wir ja jetzt hier in der Wellritzer."

Tuesday, October 11, 2011   *Visitor: A German man, approx. 30 years old, with two women*

"Whenever Muslims want to build a mosque in the city center, all the right-wing populists immediately start an outcry. That is stupid."

"Absolutely. People who want to establish their presence in the city are those who identify with it. Successful participation defuses conflicts."

"Exactly. Were Muslim students involved?"

"Hmm, people keep asking me that and I wish I could say 'yes.' No, there weren't. Not even a token student. So our seminar won't be helping the Office for National Statistics to present nice figures. But that's one more reason to be here in the Wellritzer now."

Dienstag, 11. Oktober 2011   *Besucher: dunkelhäutig, beleibt, Hornbrille,*
in seinem Gesicht, seinen Bewegungen, seiner Kleidung ist irgendwie Güte und Humor, ca. 60 Jahre

„Ich habe gelesen: eine neue Moschee in der Wellritzer Strasse 41.
Da habe ich gedacht: Was, da ist jetzt eine Moschee? Da war doch immer der Waschsalon. Was ist das hier?"
„Das sind Entwürfe von Studenten für Moscheen."
„Aaaaaaaaah, projeeeeeeets…"
„Sie sind aus dem Maghreb? Sprechen Französisch?"
„Nein, ich war im Koma, und hatte zwei Gehirnoperationen und mein Deutsch kommt jetzt langsam wieder zurück.
Mein Türkisch und mein Latein auch, aber mein Französisch, nee, noch nicht…
Nach einigen Minuten, langem Schweigen:
„Das ist gut, dass die Moscheen hier nicht klassisch aussehen, sondern modern…"
Danach geht er zur Piazza Italia nebenan, einen Espresso trinken.

Tuesday, October 11, 2011   *Visitor: dark-skinned, corpulent, horn-rimmed glasses, his face,*
gestures, and clothing all somehow exude kindness and a sense of humor   Approx. 60 years old

"I read about a new mosque in Wellritzer Strasse 41. I thought: what, there's a mosque there?
That used to be the launderette. What is this?"
"These are students' drafts for mosques."
"Aaaaaaaaah, projeeeeeeets…"
"Are you from the Maghreb? Do you speak French?"
"No, I was in a coma, I had brain surgery twice and now my German is slowly coming back.
My Turkish and Latin are, too, but my French, no, not yet…"
After a few minutes and long silence:
"It's good that the mosques here look modern instead of traditional…"
Then he goes next door to the Piazza Italia to drink an espresso.

DANKSAGUNGEN

Lorena Adam, Patrick Andretzki, Iris Arnold, Katharina Czunczeleit, Dominik Fleckenstein, Christian Gutenberger, Sabine Heiniger, Leona Jung, Daniela Kohlhöfer, Heiko Maier-Jantzen, Julia Müller, Anne Muschik, Carola Pracht, Anna Rutz, Jacob Schairer, Tonia Schlage, Lilli Schubert, Anna Schultheis, Maxine Shirmohammadi, Luise Siebert, Sabine Wagenknecht, Katharina Wenzler, Raphael Weyand, Maximilian Wieder für ihre Entwürfe, ihren Idealismus, ihre Lernfreude, ihre Begeisterungsfähigkeit

Lydia Wooldridge, Erasmus-Austauschstudentin der Loughborough University, für die Übersetzung der Texte ins Englische
Kathrin Bennett für die Übersetzung der Gesprächsprotokolle und Anmerkungen ins Englische
Kathrin Herzog für ihre inspirierten Fotografien der Modelle

Zafer Sahin für die spannenden und entspannenden Gespräche über Moscheen in Wiesbaden und sonstwo

Präsident Detlev Reymann für seine wiederholte ideelle und materielle Untersützung des Seminars
Birigit Klose und ihrem Büro für Internationales für ihre Unterstützung auf vielen Wegen
Karrié Bau GmbH, Mainz, für ihre finanzielle Unterstützung der Ausstellung

Ralf Kunze und Béatrice Durand für ihre Ermutigungen in Momenten des Zweifelns und Zagens
Gabriele Kaminski, Ralf Höller, Johannes Kiefer, Wolfgang Kreser, Uwe Münzing, Reiner Wiesemes für ihre Kollegialität
Edgar Brück für seine Ideen und Geduld und Einfühlsamkeit im CAD Labor
Viola Herr und Ansgar Maibaum für Rat und Tat in der Konzeption und Realisierung der Modelle
Irene Grebenovsky für ihre solidarische Neugier und Umsicht
Ernst-Michael Stiegler für die Pressearbeit
Stefan Swoboda für studiengangsübergreifendes Engagement

Elisabeth Wiederspahn für die Generosität, diesem Seminar eine Plattform in ihrer Zeitschrift „umrisse" auf 18 Seiten zu geben
Rochus Wiedemer, TU Dresden, für seine kritischen Anregungen
Pfarrer Franz Meurer für seine leidenschaftlich-anregende Führung durch seine von Paul Böhm erbaute Kirche in Köln-Vingst

All den wunderbaren *Caterern und Köchen* der Wellritzstraße.

Herausgeber und Autor

Prof. Holger Kleine (*1962 in Darmstadt) studierte Architektur und Musikwissenschaft
an der TU Berlin und Architektur an der Cooper Union in New York.
2010 war er Stipendiat am Deutschen Studienzentrum in Venedig.
Zusammen mit Jens Metz leitet er das Büro Kleine Metz Architekten in Berlin.
Zu den realisierten Bauten gehören das Schreibhaus am Steinhuder Meer,
die Deutsche Botschaft in Warschau und der geförderte Wohnungsbau
Jules et Jim in Neu-Ulm.
Seit 2010 leitet er das Studio ips_interior public spaces am Studiengang
Innenarchitektur der Hochschule RheinMain in Wiesbaden.
2013 wurde er dort mit dem 1. Preis für Engagement in der Lehre ausgezeichnet.

Special thanks to:

Lorena Adam, Patrick Andretzki, Iris Arnold, Katharina Czunczeleit, Dominik Fleckenstein, Christian Gutenberger, Sabine Heiniger, Leona Jung, Daniela Kohlhöfer, Heiko Maier-Jantzen, Julia Müller, Anne Muschik, Carola Pracht, Anna Rutz, Jacob Schairer, Tonia Schlage, Lilli Schubert, Anna Schultheis, Maxine Shirmohammadi, Luise Siebert, Sabine Wagenknecht, Katharina Wenzler, Raphael Weyand and Maximilian Wieder for their design, their idealism, their joy of learning, their enthusiam

Lydia Wooldridge, Erasmus exchange student from Loughborough University, for her translation of the texts
Kathrin Bennett for her translation of the talks and the notes
Kathrin Herzog for her inspiring photographs of the models

Zafer Sahin for the exciting and relaxed talks about mosques in Wiesbaden and elsewhere

President Detlev Reymann for his repeated support of the seminar, both financially and morally
Birgit Klose and her Office for International Affairs for her support in many ways
Karrié Bau GmbH, Mainz, for its sponsoring of the exhibition

Ralf Kunze und Béatrice Durand for their encouragement in moments of doubt and hesitation
Gabriele Kaminski, Ralf Höller, Johannes Kiefer, Wolfgang Kreser, Uwe Münzing, Reiner Wiesemes for being good colleagues
Edgar Brück for his ideas, his patience, his sensitivity in running the CAD Labor
Viola Herr und Ansgar Maibaum for their support in building the models
Irene Grebenovsky for her cursiosity and solidarity
Ernst-Michael Stiegler for informing the press
Stefan Swoboda for his commitment beyond the boundaries if the department

Elisabeth Wiederspahn her generosity to publish the mosque on eighteen pages in her magazine *Umrisse*
Rochus Wiedemer, TU Dresden, for his helpful critique of the student work
Pfarrer Franz Meurer for being a passionate and inspring guide of his church built by Paul Böhm in Köln-Vingst

all the wonderful *caterers and cooks* of the Wellritzstrasse.

Editor / Author

Professor Holger Kleine (*1962 in Darmstadt, Germany) studied architecture and musicology at the TU Berlin and architecture at the Cooper Union in New York. In 2010 he received a grant from the German Study Center in Venice. Together with Jens Metz he runs the Berlin-based office Büro Kleine Metz Architects. Among the realized projects are private homes and housing projects in Germany, France, and Poland and the German Embassy in Warsaw. He has conducted the studio IPS_Interior Public Spaces in the department of interior architecture at the RheinMain University of Applied Sciences in Wiesbaden since 2010. There he received the First Prize for excellence in teaching in 2013.

ANMERKUNGEN

1 s. Vogt-Göknil, U.: Die Moschee, 1978: S. 25: *„Sie* (die Araber) *standen als ursprüngliche Nomaden tatasächlich am Null-punkt, was Bautradition und Bauaufgaben betraf. Es war nichts Eigenes da, was hätte „beeinflusst" oder „abgewandelt" werden können."*

2 z. B. in den Suren 107 und 108

3 z. B. in der Sure 78

4 z. B. in Sure 2, 164; Sure 7, 54-58

5 s. Vogt-Göknil a. a. O., S.27: *"Säulen, zusammengetragen aus antiken, persischen und christlichen Bauten, bildeten das Grundmaterial der arabischen Moschee, jedoch nicht die Hallenstraßen einer himmlischen Stadt „abbildend" (wie in der hellenischen Tradition), sie ersetzen einfach die Palmenstämme in ihrer tragenden Funktion."*

6 hierin übereinstimmend Frishman, Kraft, Vogt-Göknil, Welzbacher u. A.

7 s. http://www.bpb.de/nachschlagen/lexika/islam-lexikon/21551/minbar

8 Frishman und Khan definieren in ihrem Buch, das den Blick über den mittelmeerisch-vorderorientalischen Kulturkreis hinaus auf die Weltarchitektur ausdehnt, insgesamt sieben Typen des Moscheebaus: neben die drei bekannten Typologi-en stellen sie die westafrikanische Lehmbaumoschee, die indische Mogulmoschee sowie die südostasiatische Pyramidal-moschee und die chinesische Pavillonmoschee als eigenständige Typologien

9 Nach den Weisungen des Koran sind die „Schriftbesitzer" (d. h. die Juden und Christen) nicht zu bekehren. Zur Praxis dieses Gebots hat Wolfgang Kallfelz mit *Nichtmuslimische Untertanen im Islam. Grundlage, Ideologie und Praxis der Politik frühislamischer Herrscher gegenüber ihren nichtislamischen Untertanen mit besonderem Blick auf die Dynastie der Abbasiden (749-1248)* eine detaillierte Studie vorgelegt. Z. B. heisst es zu den Zoroastriern (S.41 ff.): *„Von den musli-mischen Eroberern aber wurden die Zoroastrier in der Praxis weitestgehend wie die „Schriftbesitzer" behandelt. (...) Von organisierten Verfolgungen der Zoroastrier ist nichts bekannt. (...) Die Ausdehnung des Sonderstatus der Schriftbesitzer auf die Zoroastrier lässt sich von der Lehre des Islams kaum rechtfertigen und ist vielmehr als Anpassung an Sachzwänge auf die praktischen Erfordernisse der Eroberungszeit zurückzuführen. (...) Mit der Einstufung der Zoroastrier als Schriftbe-sitzer entfiel der Zwang, sie wie „Götzendiener" unter allen Umständen zum Islam zu bekehren. Damit war es möglich, mit ihnen zu vertraglichen Vereinbarungen zu kommen."*

10 zu den Wechselwirkungen in Anatolien z. B. Vogt-Göknil, a. a. O., S.105, die dabei auf nicht ins Deutsche oder Engli-sche übersetzte Studien von Dogan Kuban verweist : *„Da (in Bibliothekssaal und Refektorium) des Klosters von Haghbat als Kuppelübergänge stalaktitengefüllte Trompen und „Türkische Dreiecke" erscheinen, kann man annehmen, dass die armenischen Baumeister, die an den Moscheen der Seldschuken mitbauten, diese Lösungen von dort übernommen haben. (...) Die von Osten her einwandernden Türken waren Meister im Backsteinbau und in der Kunst des farbigen Ziegelornaments. In Kleinasien, besonders in den östlichen Gebieten der Halbinsel, bestand jedoch eine jahrtausendealte Steinbautradition, die nach dem ersten christlichen Jahrhundert in den Kirchen und Klosterbauten der Armenier eine große Entwicklung erfuhr. So wurden die armenischen Kirchen zu Vorbildern beim Übergang von der Backsteintechnik zur Steintechnik. Es ist so gut wie sicher, dass armenische Werkmeister beim Bau der seldschukischen Moscheen großen Anteil hatten ..."*. Vogt-Göknil bezieht sich auf nicht ins Deutsche oder Englische übersetzte Studien von Dogan Kuban.

11 Vogt-Göknil a. a. O., S. 17: *„Die Fortsetzung und Weiterentwicklung einer bestimmten Bauidee im Sinne der Vervollkommnung ist nirgends spürbar ... Ernst Diez sieht in der über Jahrhunderte hinweg „schwankenden Gestalt" der frühislamischen Moschee einen Ausdruck für den „Mangel irgendeiner allseits bindenden oder anerkannten Vorschrift oder Tradition."*

12 Vogt-Göknil, a. a. O., S. 82ff., geht hier noch weiter, indem sie unter Berufung auf Sure 2, 164 die „Versammlung" von Himmel, Wasser und Iwanen als ein Gleichnis des „Weltgebäudes" sieht. Der Hof *„ist nicht ein „Abbild" des Paradieses, son-dern ein umfriedetes Stück erdenraum von paradiesischer Schönheit, Lauterkeit und Ruhe. Sein Gewölbe ist unmittelbar von Gottes Hand erschaffen. (...) Dass die Mitte nicht durch einen körperlichen Gegenstand, sondern durch eine ruhende Wasserfläche markiert wird, erklärt sich folgerichtig, wenn wir bedenken, dass der Hofraum hier als ein Gleichnis des Welt-gebäudes empfunden wird. Wir müssen uns vor allem vergegenwärtigen, was für eine Bedeutung dem Wasser im Koran zukommt. (...) Die mit Sternen geschmückten Innengewölbe der Iwane sind Übergänge zum eigentlichen Himmelszelt."*

13 Den Einfluss der Hagia Sofia auf die osmanische Architektur sollte man aber auch nicht überbewerten. Zum Einen ist das Zusammenspiel der raumabschliessenden Flächen in der justinianischen Architektur in Tektonik, Anmutung und Detail eine ganz Andere als in der osmanischen, zum Anderen ist ein Spezifikum der Hagia Sofia die Verbindung von gerichtetem Raum und Zentralraum mittels der beiden an die Zentralkuppeln anschließenden Halbkuppeln - eine Lösung, mit der Sinan zeitweilig experimentierte, die aber keineswegs kanonisch wurde. Mindestens ebenso faszinierend sind jene Raumschöpfungen, in denen Sinan hexagonale oder oktogonale Konfigurationen einsetzt, um von dem ortho-gonalen Betsaal zur Kuppel über zu setzen.

Explanatory notes

1 S. Vogt-Göknil, U.: Die Moschee, 1978: p. 25: "They (the Arabs), being original nomads, genuinely had to start from scratch as far as building traditions and building projects were concerned. There was nothing original there which could be 'influenced' or 'modified.'"

2 e. g. in Suras 107 and 108

3 e. g. in Sura 78

4 e. g. in Sura 2, 164; Sura 7, 54-58

5 S. Vogt-Göknil, ibid. p.27: "Columns, collated from ancient Greek, Persian, and Christian buildings, formed the basis of the Arab mosque, but not as a 'portrayal' of the avenues of a heavenly city (as in the Hellenic tradition); they merely replace the palm tree trunks in their load-bearing function."

6 analogue: Frishman, Kraft, Vogt-Göknil, Welzbacher inter alia

7 S. http://www.bpb.de/nachschlagen/lexika/islam-lexikon/21551/minbar

8 In their book, in which the perspective is expanded from the Mediterranean/Near-Eastern cultural area to world architecture, Frishman and Kahn define a total of seven types of mosque building: besides the three well-known typologies, they present the West African mud brick mosque, the Indian Mogul mosque, the Southeast Asian pyramidal mosque, and the Chinese pavilion mosque as independent typologies.

9 According to the teachings of the Qur'an, the 'Followers of the Book' (i.e. Jews and Christians) are not to be converted. Wolfgang Kallfelz has presented a detailed study on the practical implementation of this commandment: "Non-Muslim subjects in Islam. Basic principles, ideology, and political practice of early Islamic rulers towards their non-Islamic subjects with a special view to the Abbasid dynasty (749-1248)." For example, with reference to the Zoroastrians (p.41 ff): "The Zoroastrians, however, were in practice largely treated like the 'Followers of the Book' by the Muslim conquerors ... Nothing is known of organized persecution of the Zoroastrians ... The extension of the special status of the People of the Book to the Zoroastrians can hardly be justified by the teachings of Islam, and is rather due to an adaptation to the practical constraints imposed by requirements during the conquest period ... With the classification of the Zoroastrians as Followers of the Book, the need to convert them to Islam by all means—as was the case with 'idolaters'—no longer applied. Thus it was possible to come to contractual agreements with them."

10 With regard to the reciprocity in Anatolia (e. g. Vogt-Göknil, ibid., p.105) who refers to Dogan Kuban's studies which have not been translated into German or English: "Since squinches filled with stalactites and 'Turkish triangles' appear as dome transitions (in the library hall and refectory) of the Monastery of Haghbat, it can be assumed that the Armenian master builders who contributed to the construction of the mosques of the Seljuk Turks adopted these solutions from there ... The Turks immigrating from the East were masters in the art of brick building and in the art of colored brick ornamentation. In Asia Minor, especially in the eastern areas of the peninsula, there was, however, a stone building tradition going back thousands of years which underwent great development after the first Christian century in the churches and monasteries of the Armenians. Thus, the Armenian churches became models for the transition from brick to stone building technology. It is virtually certain that Armenian master craftsmen played a major role in the construction of Seljuk mosques."

11 Vogt-Göknil ibid., p. 17: "The continuation and further development of a particular architectural idea in the sense of achievement of perfection can nowhere be felt ... Ernst Diez sees the 'vacillating form' of the early Islamic mosque over the centuries as an expression of the 'lack of any universally binding or recognized rule or tradition.'

12 Vogt-Göknil, ibid., goes even further here with reference to Sura 2, 164 by seeing the "gathering" of sky, water, and iwans as a parable of the "universe." P. 82 ff.: "The courtyard is not an 'image' of paradise, but an enclosed piece of earth of heavenly beauty, purity, and tranquility. Its vault was created directly by God's hand ... That the center is marked not by a physical object, but by a still water surface, appears logical if we consider that the courtyard is perceived here as being a metaphor of the universe. We must especially bear in mind the significance of water in the Qur'an ... The iwans' inside vault decorated with stars is a transition to the actual firmament."

13 The influence of the Hagia Sophia on Ottoman architecture, should, however, also not be overestimated. For one thing, the interaction of space-enclosing areas in Justinian architecture is completely different in terms of tectonics, appearance, and detail than in Ottoman architecture; and secondly, a specific feature of Hagia Sophia is the combination of directional space and central space by means of the two semi-domes adjacent to the central domes—a solution that Sinan temporarily experimented with, but which by no means became canonical. Equally fascinating are those spatial creations in which Sinan used hexagonal or octagonal configurations for the transition from the orthogonal prayer hall to the dome.

BIBLIOGRAPHIE Bibliography

Für Vorbereitung, Durchführung und Nachbereitung des Seminars wurden insbesondere folgende Werke herangezogen:
For preparation, execution, and reflection of the seminar especially the following works were used:

Koran – Übersetzungen und Auszüge: Qur'an - translations and extracts in German:
Der Koran. Neu übertragen von Hartmut Bobzin, München 2010
Der Koran für Kinder und Erwachsene. München 2008
Khoury, Adel Theodor: *Die Weisheit des Islams. Gebete und koreanische Texte.* Freiburg i. Br.2006

Zur Religions- und Kulturwissenschaft: Religious and cultural sciences:
Bobzin, Hartmut: *Der Koran.* München 1999
Elias, Jamal J.: *Islam.* Aus dem Englischen von Rita Breuer. 1999, Dt. Ausgabe Freiburg 2000
Hartmann, Richard: *Die Religion des Islam.* Eine Einführung. Berlin 1944 / Darmstadt 1987
Heine, Peter: *Einführung in die Islamwissenschaft.* Berlin 2009
Kallfelz, Wolfgang: *Nichtmuslimische Untertanen im Islam.* Wiesbaden 1995
Krämer, Gudrun: *Geschichte des Islam.* München 2005
Renz, Andreas und Leimgruber, Stephan: *Christen und Muslime.* München 2004, 2. Auflage 2005
Tibi, Bassam: *Euro – Islam.* Darmstadt 2009

Zur Moscheenarchitektur und der islamischen Architektur im Allgemeinen: Mosques and Islamic architecture:
Bianca, Stefano: *Architektur und Lebensform im islamischen Staatswesen.* Zürich 1975
Bianca, Stefano: *Hofhaus und Paradiesgarten.* München 1991
Brandenburg, Dietrich: *Die Baumeister des Propheten.* Zürich 1971
Franz, Heinrich Gerhard: *Palast, Moschee und Wüstenschloss.* Graz 1984
Franz, Heinrich Gerhard: *Von Baghdad bis Córdoba.* Graz 1984
Frishman, Martin; Khan, Hassan-Udin: *The Mosque.* London 1994
Hoag, John D.: *Islam.* Stuttgart 1986 (Orig. Mailand 1978)
Korn, Lorenz: *Die Moschee.* München 2012
Vogt-Göknil, Ulya: *Osmanische Türkei.* Fribourg 1965
Vogt-Göknil, Ulya: *Die Moschee.* Zürich /München 1978
Vogt-Göknil, Ulya: *Frühislamische Bogenwände.* Graz 1982
Vogt-Göknil, Ulya: *Geometrie, Tektonik und Licht in der islamischen Architektur.* Tübingen/Berlin, 2003

Zur islamischen Kunst: Islamic art:
Crespi, Gabriele: *Die Araber in Europa.* Stuttgart/Zürich1983.
Korn, Lorenz: *Geschichte der islamischen Kunst. München 2008*
O' Kane, Bernard: *Die Schätze des Islam. London 2007. Dt. Ausgabe Potsdam 2008*

Zum gegenwärtigen Moscheebau in Deutschland und Europa, vorwiegend gestalterische Aspekte:
Contemporary mosques in Germany and Europe, mostly aesthetic aspects:
Dechau, Wilfried: *Moscheen in Deutschland.* Fotografiert von W. Dechau. Tübingen / Berlin 2009
Hakim, Negar: *Zur Geschichte und Gegenwart des Moscheebaus.* in: Stegers, R.: *Entwurfsatlas Sakralbau.* Basel 2008
Hammerbacher, Valérie; Hudivic, Alma; Khan, Hassan-Udin; Welzbacher, Christian: *Kubus oder Kuppel.* Tübingen/Berlin 2012
Kahera, Akel; Latif, Abdulmalik; Anz, Craig: *Design Criteria for Mosques and Islamic Centers.* Oxford 2009
Kraft, Sabine: *Islamische Sakralarchitektur in Deutschland.* Münster 2002
Welzbacher, Christian: *Euro Islam Architektur.* Amsterdam 2008
Wöhler, Till: *Neue Architektur. Sakralbauten.* Salenstein 2005

Zum gegenwärtigen Moscheebau in Deutschland und Europa, vorwiegend praktische Aspekte:
Contemporary mosques in Germany and Europe, mostly practical aspects:
Köhler, Bärbel, und Leggewie, Claus: *Moscheen in Deutschland*. München 2009
Leggewie, Claus; Joost, Angela; Rech, Stefan: *Der Weg zur Moschee*. Bad Homburg v.d. H. 2002
Özdil, Ali-Özgür: *Wenn sich die Moscheen öffnen*. Münster 2002
Schmitt, Thomas: *Moscheen in Deutschland*. 2002
Schoppengerd, Johanna: *Moscheebauten in Deutschland*. Dortmund 2008
Sommerfeld, Franz: *Der Moschee-Streit*. Köln 2008
Zemke, Reinhold: *Die Moschee als Aufgabe der Stadtplanung*. Berlin/Münster 2008

Bibliographien: Bibliographies:
Sinclair, Susan: *Bibliography of Art and Architecture in the Islamic world*. (2 vols.) Leiden, Boston 2012
Stegers, Rudolf: *Bibliographie Sakrale Gebäude 1970-2009*. Berlin/Münster 2010

Impressum Imprint

© 2014 by jovis Verlag GmbH
Das Copyright für die Texte liegt beim Autor. Texts by kind permission of the author.
Das Copyright für die Abbildungen liegt bei Pictures by kind permission of

Kathrin Herzog: S. p. 62f., S. p. 78f., S. p. 104–109
Holger Kleine: S. p. 98–103, S. p. 112–119

Übrige Bilder bei der Hochschule RheinMain und den genannten Entwurfsverfassern.
All other images by Hochschule RheinMain and the respective designers.

Umschlagmotiv: Cover:
Sternenhimmelsfragmente Fragments of a starlit sky (Katharina Wenzler)

Herausgeber, Autor, Konzeption und Koordination:
Editor, author, concept and coordination:
Holger Kleine

Kontakt Contact
Hochschule RheinMain
Fachbereich DCSM
Studienbereich Innenarchitektur
Prof. Holger Kleine
Unter den Eichen 5
65195 Wiesbaden
holger.kleine@hs-rm.de

Übersetzung: Translation:
Lydia Wooldridge (Texte texts), Kathrin Bennett (Gespräche, Anmerkungen talks, notes)

Gestaltung und Satz: Design and setting:
Holger Kleine mit with Jennifer Ester, Julia Pohlmann,
Patrick Andretzki, Lushan Li, Katharina Czunczeleit, Leona Jung

Druck und Bindung: Printing and binding:
Graspo CZ, a. s., Zlín

Bibliografische Information der Deutschen Nationalbibliothek
Die Deutsche Nationalbibliothek verzeichnet diese Publikation in der Deutschen Nationalbibliografie; detaillierte biblio-
grafische Daten sind im Internet über http://dnb.d-nb.de abrufbar.
Bibliographic information published by the Deutsche Nationalbibliothek
Deutsche Nationalbibliothek lists this publication in the Deutsche Nationalbibliografie; detailed bibliographic data
available on the Internet at http://dnb.d-nb.de

vis Verlag GmbH
urfürstenstraße 15 / 16
10785 Berlin

www.jovis.de

jovis-Bücher sind weltweit im ausgewählten Buchhandel erhältlich. Informationen zu unserem internationalen Vertrieb
erhalten Sie von Ihrem Buchhändler oder unter www.jovis.de.
jovis books are available worldwide in selected bookstores. Please contact your nearest bookseller or visit www.jovis.de
for information concerning your local distribution.

ISBN 978-3-86859-346-4